講談社文庫

釜石の夢

被災地でワールドカップを

大友信彦

講談社

目次

RWC釜石鵜住居復興スタジアム（仮称）

釜石の夢

被災地でワールドカップを

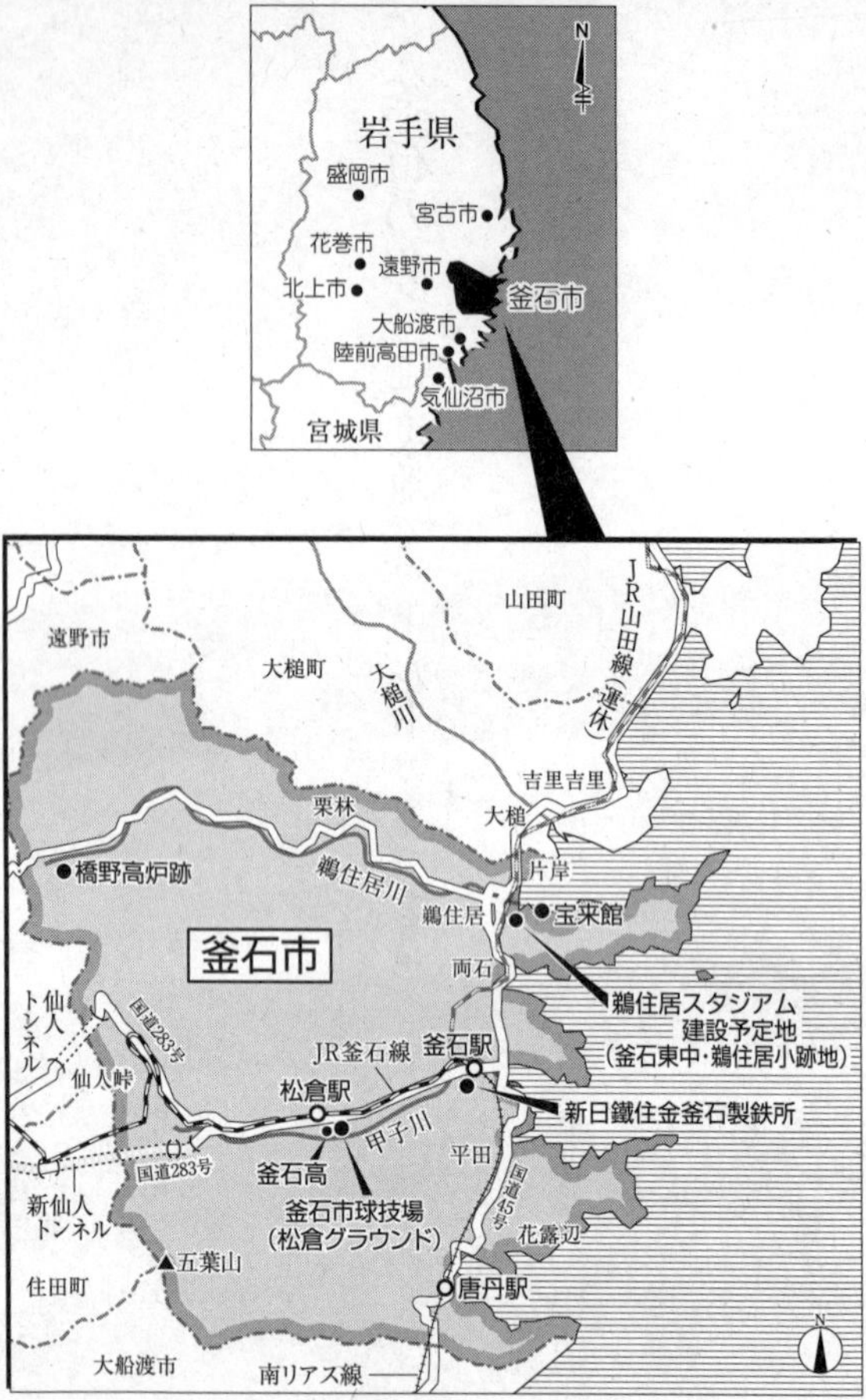

地図制作：mapnist

序章　釜石の夢

「いよいよだな」

「大丈夫か？」

「なに、大丈夫だあ」

「決まってっぺ」

「ホントか？」

部屋が熱気で充満していた。

岩手県釜石市、鵜住居《うのすまい》地区の外れ、根浜《ねばま》海岸に面して建つ旅館・宝来館《ほうらいかん》の大広間に詰め掛けていた人数は、旅館の収容人数を倍以上も上回る百三十人近かった。誰もが「かまいし」や「2019」などと書かれた小旗と、「富来旗《ふらいき》」と呼ばれる大漁旗のミニチュア版を手にして、誰もが目を輝かせて、その瞬間を待ちわびていた。

夜九時四十二分、その時は訪れた。

インターネット中継から流れたはずの、その名前を、明瞭に聞き取れた人はいなかった。

「釜石市」と読み上げる声の「か」が聞こえた瞬間、立錐《りっすい》の余地もなく大広間を埋め尽くしていた人々は「やったあ！」と叫び、ある者は飛び上がり、近くの人と抱き合った。涙を流している人もいた。腕を突き上げている人もいた。誰かが叫んだ。

「カーマイシ！」

そうだ、そうだ、そこにいるすべての人がすぐに唱和した。

「カーマイシ！」

「カーマイシ！」

「カーマイシ！」

「カーマイシ！」

それは、赤いジャージーに身を包んだ戦士が日本の頂点に君臨した新日鐵《しんにってつ》釜石ラグビー部の時代も、頂点から滑り落ち、クラブ化して活動を続けた釜石シーウェイブスの青いジャージーが逆風に耐えて戦った時代も、変わらずスタジアムにこだましていた叫びだった。

「カーマイシ！」

「カーマイシ!」

「カーマイシ!」

「カーマイシ!」

「カーマイシ!」

夜の闇にカマイシ!　の声が響き渡る。もう夜十時に近い。近所迷惑じゃないのか?

その心配はなかった。外は漆黒の闇に包まれている。まわりにあった住宅は、四年前のあの日を境になくなったまま、再建されていない。町は失われたままだ。

あの日、津波は、見上げた屋根のはるか上までを海に変え、何もかもを流し去った。二〇一〇年に約四万人だった釜石市の人口のうち死者、行方不明者は千二百人近くにのぼった。あの日は誰もが言葉を失い、笑顔を失い、喜びを失っていた。多くの者が家を失い、友を失い、家族を失い、親族を失った。そのすべてを失った人も、少なくなかった。

そこに、笑みが戻った。喜びが戻った。希望が戻った。

「あと四年かあ。オレどうしてっかなあ」

「お前いくつだ」

「十八歳だな。高三だなあ」

「試合見にいかねえとなあ」

「日本代表に入ってたりしてな」

子どもたちが上ずった声で話す。大人が合いの手を入れる。この日集まった、少なくない人たちは今なお、学校跡地や公園だった場所に設置されたプレハブの仮設住宅で、薄壁だけで隔てられた家に暮らしている。希望をなかなか見いだせなかった人たちが、大人も子どもも、未来に目を輝かせている。


二〇一五年三月二日。その日は、二〇一九年に日本で開催されるラグビーワールドカップの開催都市が発表される日だった。開催都市を決める国際会議は、世界ラグビーの統括機関であるワールドラグビー（国際ラグビーボードから改称）本部のあるアイルランドの首都ダブリンで行われた。現地時間は正午過ぎ、日本時間は夜九時を過ぎていた。

九時三十分過ぎ。ダブリンからのインターネット中継が始まった。ベルナール・ラパセ会長の挨拶に続き、日本側組織委員会の嶋津昭事務総長がマイクを持った。

「まず、立候補いただいた十五の開催立候補都市に感謝します。どの都市からも、素晴らしいご提案をいただきました。我々とラグビーワールドカップリミテッド（RWCL）は、十五の候補都市すべてが、ハイレベルのスポーツイベントの開催地としてふさわしいという意見で一致しましたことをお知らせします。

しかしながら、RWCLからは、効率的な大会運営のためには会場は十くらいがふさわしいとアドバイスを受けました。その考え方で、ワールドカップの運営機能と都市基盤、会場間の距離、設備、バランス、ラグビーレガシー、地域の盛り上がりなどを総合的に勘案して、会場を決めました」

そう言うと、嶋津氏は開催地として選ばれた都市名を読み上げた。札幌市に続いて読み上げられたのは、「カマイシ」の名だった。

嶋津氏はそのあと、埼玉県・熊谷市、東京都、神奈川県・横浜市、静岡県、愛知県・豊田市、大阪府・東大阪市、神戸市、福岡市、熊本県・熊本市、大分県と開催地を読み上げ「この十二会場が、ベストオブベストと考えます」と言った。

釜石にワールドカップが来る。

「釜石」の名が呼ばれた瞬間、桜庭吉彦《さくらばよしひこ》は、一切表情を変えなかった。

東京都港区元赤坂にある明治記念館の大広間では、ラグビーワールドカップ２０１９組織委員会による公式の会場決定発表会が行われていた。日本ラグビーフットボール協会の森喜朗《よしろう》会長はじめ国会議員、立候補都市の市会議員ら関係者、事前申請で約百五十人いた取材記者はさらに増え、当日受付に長蛇の列を作った。会場には十三台のテレビカメラが林立していた。

新日鐵釜石から釜石シーウェイブスの時代を通じて長くロックで活躍した桜庭は、一九八七年の第一回大会から一九九九年の第四回大会まで三度のワールドカップに出場し、日本代表キャップ43を積み重ねてきた。桜庭は、ＲＷＣ２０１９の大会アンバサダーとして、この公式発表会に出席していた。

「ワールドカップが決まってうれしいと同時に、責任の重さを感じています」

報道陣に囲まれた桜庭は、笑顔をみせなかったことについて聞かれ、答えた。

「やはり、被災地で試合をするということで、他の開催都市とは明らかに背景が違う。そこで、釜石で大会をやる意義を発信していく、釜石ならではのものを世界に向けて発信できると思います」

被災地では、いろいろな声もあると聞きます、という質問がとぶ。

「実際、僕の家の近くにもまだ仮設住宅があったり、まだまだ不便な生活をしている方がいる中で、いろんな意見があることは承知しています。ただ、決まった以上は、岩手県全体で大会を成功させるよう頑張りたい。釜石のみならず被災地全体の復興を、この大会を契機に加速していけばプラスになると思います。東日本大震災を乗り越えてこんなに復興したんですよ、と世界からご支援いただいたことへの感謝を込めて、元気な釜石市民の姿を世界に発信したい。

ワールドカップでは、人の温かさを感じてもらえる大会にできたらいいなと思います。大きな都市に比べて、人のぬくもり、人情、おもてなしする心を、海外から来る方、日本の各地から来る方に、感じてもらえたらいいなと思います」

東京都の新国立競技場を除けば、十二の開催都市で、開催会場となるスタジアムができていないのは釜石だけだ。三万六千人の人口も、飛び抜けて少ない。東北の、小さな町。しかも、ほんの四年前には東日本大震災の津波で町は壊滅状態に陥った。釜石は、そこからよみがえった、いや、よみがえろうと歩みを始めたばかりの町だ。

桜庭が言ったように、いまだ仮設住宅で暮らす人は多い。震災の爪痕はいまだ深く残る。もろ手を挙げて喜ぶことは控えたい。財政的な担保もない。大会の成功は保証されていない。

それでも、人々はワールドカップの開催を求めた。


あの日、ＪＲ釜石駅前は川と化していた。

二〇一一年三月十一日。金曜日。

午後二時四十六分に東日本を襲った激しい揺れは、恐ろしいほど長く続いた。まだ揺れ続けている間に、人々は悟った。

間違いなく津波がくる。

間もなく、町には大津波警報を告げるサイレンが鳴り響き、避難を呼び掛ける放送が繰り返し流れた。人々はわれ先にと高台を目指した。だが、海岸近くまで山が迫るリアス式地形の釜石では、海から離れる道は限られている。内陸へ向かう僅かな道路にクルマが集中し、前へ進めなくなった。

そこに、巨大津波の第一波が襲ってきた。

粉砕された家が、大きな船が、クルマが、ブルドーザーと化した漆黒の水の塊にのみ込まれ、凶器となって町並みを走り抜け、家々を破壊した。それは、海岸から二キロほど離れたＪＲ釜石駅にも到達した。

津波の最初の波が収まったと思うと、今度は猛烈な勢いで水が引き始めた。

「津波は引き波が一番怖いんだ。何もかんもさらってっちまう」

先人たちに聞いた言葉は本当だった。色も形も、大きさすら判然としない、ついさっきまでは人々の暮らしを支えていたものたちが、瓦礫《がれき》と化して、真っ黒い水にのみ込まれて、流されていく。

引き波の勢いが収まったとき、国道は川と化していた。いや、海と呼んだ方が的確だったかもしれない。駅前の国道二八三号線は、動けなくなった乗用車が、窓近くまで水に浸かり、ぷかぷか浮かんでいた。

高台になっている製鉄所の敷地から、その様を見ていた釜石シーウェイブスRFC（ラグビーフットボールクラブ）の副務、森闘志也《もりとしや》の目に、クルマの中でおびえている人の顔が見えた。

助けなきゃ。

そう思ったかどうかさえ、闘志也は覚えていない。闘志也の身体は動きだしていた。作業着のまま、真っ黒い海と化した道路に入っていった。腰まで水に浸かり、クルマに近づき、ドアに手をかける。だが水圧でドアは開かない。時間がない。闘志也は窓を素手でたたき割った。窓から家族連れを引きずり出した。一人引きずり出して、もう一人。一台のクルマの救助を終えると、次のクルマに。引きずり出すと、また次のクルマに。闘志也は、何かに憑《つ》かれたように、助け続けた。

「早く逃げろ！」

背後からは、救助を打ち切って自分も避難しろと言う声が聞こえていた。津波てんでんこ。人のことは構わず逃げろ、という言葉は知っていた。津波の第二波の来襲が迫っていた。それは分かっている。だけど、目の前で、助けを求めている人がいる。ここまでで終わり、というわけにはいかなかった。

何人助けたのか、十人くらいだろうか。正確には覚えていない。津波の第二波が襲ってきた。気付いたときには何もできずに流されていた。上も下も分からない。オレもこれで終わりか、という思いが頭をよぎった。だけど、ここでオレが死んだら、オレが助けた人の心に重荷になる、絶対に死ねない、と思った。強く思った。その気持ちが天に届いたのだろう。甲子川《かっし》に面したフェンスに身体が引っ掛かった。闘志也は濁流の中から生還した。

闘志也は埼玉県で生まれた。埼工大深谷高のときに高校日本代表に選ばれ、大東文化大学に進学してラグビーを続けていたが、大学三年のときに父が交通事故に遭った。闘志也は大学を辞めた。家族の生活費と妹の学費を稼ぐためには、大学に通っている余裕はなかった。すると、選手を探していた新日鐵釜石ラグビー部から声がかかり、闘志也は東北の港町の住人となった。闘志也のポジションはバックスだったが、ガッチリした体躯《たいく》で相手防御と渡り合う、力強いセンターとして活躍した。

二〇〇一年、新日本製鐵は自社が持つスポーツ部をクラブ化した。かつて日本選手権で七連覇を飾った名門、新日鐵釜石ラグビー部は、複数の企業と多数の個人サポーターが支える「釜石シーウェイブスRFC」というクラブチームに生まれ変わった。闘志也は新日鐵で働きながら、シーウェイブスでもプレーを続けた。三十歳でプレーヤー生活を退くと、裏方としてチームを支えるサブマネージャーを任された。

闘志也は痛いプレーを厭《いと》わないプレーヤーだった。センターというポジションは、アタックでもディフェンスでも、相手の選手がトップスピードで向かってくる過酷なポジションだ。一瞬の判断の遅れが命取りになる。迷っている暇はない。間違いを恐れる回路は頭の中になかった。「こうするんだ」と思ったときには身体が動いている。ひとつのタックル、ひとつの体当たりでラグビーのプレーは終わらない。ボールを確保したら、奪い返そうとする相手を押し返し、ボールを守らなければならない。

タックルで相手を倒してもボールを奪えなければ、すぐに相手が次のアタックに移る。自分もすぐに起き上がり、次のディフェンスのためのポジショニングに走らなければならない。

　その繰り返しが自分を作った。だから、あの濁流の中に、平気で飛び込めたのだ。


「大使館から来た。すぐ用意をしてくれ。ニュージーランドへ帰ろう」

「いやだ。私は帰らない」

　シーウェイブスのクラブハウスの前で、押し問答が続いていた。

「帰ろう」と言ったのは、ニュージーランドとオーストラリアの大使館から派遣されたスタッフ。「NO」と言い続けていたのは、ピタ・アラティニとスコット・ファーディーだった。

　アラティニはトンガで生まれ、幼少時にニュージーランドへ移住。オールブラックスで十七のテストマッチに出場したラグビー王国の英雄だ。二〇〇四年度から二シーズンはトップリーグのサントリーでプレーし、二〇〇六年度に釜石シーウェイブスに移籍、二〇〇八年度からはキャプテンを務めていた。誕生日は奇《く》しくも三月十一日。震災の日はちょうど三十五歳になった日だった。

ファーディーはオーストラリアで生まれ、スーパーラグビーのウエスタンフォースを経て、二十四歳で釜石にやってきた。のちにオーストラリアに帰国後はオーストラリア代表ワラビーズに選出されるが、当時はまだ、国際ラグビーの舞台では無名の存在だった。

3・11の地震と津波の翌日、福島第一原子力発電所で水素爆発が起きた。放射能の拡散が危ぶまれた。政府は冷静に対処するよう求めたが、人々は過敏に反応した。日本は危険だ——ビジネスパーソンや留学生などの外国人はもちろん、日本人にも国外脱出する動きが出た。スポーツ選手も例外ではなかった。開幕を控えたプロ野球、サッカー、バスケットボールなどのプロ選手が、相次いで日本を離れた。

ニュージーランドとオーストラリアの大使館も、同じように動いた。アラティニとファーディーを、不自由な釜石から救出し、帰国させるために、共同でチャーターしたミニバンを釜石に送り込んだのだ。

だが、アラティニたちはそれを拒んだ。

「いつも僕らを助けてくれる釜石の人たちが困っているんだ。今度は僕らがみんなを助ける番だ」

震災の直後から、シーウェイブスの選手たちは、被災した人々の支援にその太い腕を差し出していた。

病院や老人介護施設では、震災による負傷者が溢《あふ》れただけでなく、もともとの患者、入所者の病状が、停電によって悪化し、内陸の、設備の整った施設への搬送が必要なケースも出てきた。しかし、停電しているからエレベーターも動かない。

そこで、活躍したのがシーウェイブスの選手たちだった。いつも、トレーニングルームで重たいバーベルを担ぎ上げ、ラグビーの試合になればラインアウトでジャンプする選手を高々と差し上げる太い腕は、患者や老人を軽々と担ぎ上げ、階段を上がり下りして、搬送車両へ運び込んだ。

震災から二日後には、全国から救援物資が続々と届き始めた。救援物資の集積場に充てられた釜石駅横の大型テント、シープラザ遊には、食料、毛布、衣類、飲料水……さまざまな段ボール箱を山積みしたトラックが続々と到着した。その荷物の搬出入役を、シーウェイブスの選手たちは喜んで買って出た。一般人がひとつ持つのが精一杯の飲料ボトルの箱も、彼らは二つ、三つと重ねて軽々と運んだ。冗談を言い合い、笑い声を上げながら荷物を運んでいると、ときには「あんたたち、明るすぎるよ」と苦笑まじりにたしなめられることもあった。だが彼らの陽気な姿は、震災の重い現実にうちひしがれていた人々に明るさを運んだ。アラティニには、自分たちは地域の人たちの役に立てているという充実感があった。

帰国を促すためにやってきた大使館スタッフとの押し問答は続いたが、アラティニたちは首を縦には振らなかった。やがて大使館員のスタッフも折れた。妻と子供たちだけをクルマに乗せ、アラティニとファーディーは釜石に残った。

アラティニとファーディーは、トンガ出身で大学時代から日本に留学していたピエイ・マフィレオ、すでに日本国籍を取得していたルイ・ラタとともに、松倉のクラブハウスから毎朝、支援物資集積場になっていたシープラザ遊へと、約八キロの道のりを歩いて通った。

あるとき、アラティニたちは「これで通えよ」と自転車を勧められた。支援物資は公共のものばかりではなく、新日鐵にも届いた。全国に散らばる事業所や製鉄所、関係会社から、いろいろな支援物資が届く。その中に自転車もあった。だがアラティニたちは、それも断った。

「歩くほうが、困っている人を見つけやすいんだ。いろいろな人がいるからね」

地震の後、釜石シーウェイブスのクラブハウスには選手とその家族が集まった。シーウェイブスのグラウンドとクラブハウスのある松倉地区は内陸にあり、津波の被害を免れていた。身を寄せた人数は約六十人。うち子供が二十人。元自衛官でサバイバル術全般に精通する仲上太一主務の采配で、即席の避難所が開設された。

「最初に言ったのは『疲れちゃダメだよ』ということ。頑張りすぎて疲れちゃうと、ストレスでギスギスして、それが子供にも蔓延《まんえん》してしまう。だから、動かない人がいても責めないで、ゆっくりやろう。長期戦になるのは間違いない。ライフラインの復旧まで二週間はかかると思ったから、みんなには最初から『この二週間を楽しもうね』と言いました」

仲上はそう言う一方で、近接するコミュニティセンターに毎日通い、市の職員から被害の状況やライフライン復活の見込みなど最新の情報を収集。避難中のメンバーに伝えた。情報の確保は、共同避難生活のストレスを軽減させた。各自が家から持ち寄った食材は、若手選手が山から集めてきた薪《まき》の助けを得て、ヤクルトから移籍一年目のルイ・ラタの手で、トンガ流の大家族向け大鍋料理に仕上げられた。

「笑顔の絶えない共同生活。子どもたちも楽しそうでした」と仲上は振り返る。

クラブ加入四年目のシーズンを終えたウイング菅野《かんの》朋幸《ともゆき》も、妻と一歳の幼子がクラブハウスに身を寄せた。自身は地震直後から、勤務する新日鐵の総務部で、被害の情報整理に忙殺されていた。

「不自由な避難生活を手伝ってあげられないのは辛かったけど、クラブのみんなが協力して支えてくれたのは有り難かったし、プロ選手たちは、僕らができない分までボランティア活動をして、市民の皆さんを助けてくれた。本当に感謝してます」

菅野は早大時代は快足ウイングとして鳴らし、秩父宮ラグビー場でトライの山を築いた。シーウェイブスには、待望久しいトライハンターとして、長年の課題だった得点力不足を解消する切り札として期待されて加わった。しかし、前年度は六試合に先発したのみ。社会人の四年間で最も出番が少ないままでシーズンは終わってしまった。それまで毎年のように呼ばれていた関東代表候補にも呼ばれなかった。

その悔しさをバネに、まずは身体を作ろうと、体重を三キロ増やした矢先に、震災は起きた。ライフラインが止まり、情報が錯綜《さくそう》する中、菅野は会社に泊まり込んで業務に忙殺された。食事は「受験生時代以来」というカップ麵や乾パンなど、簡素なものが続いた。ウエイトトレーニングなどできるわけもない。体重は元に戻った。

「だけど、僕らは食べられただけまだマシですよ」と菅野は言った。

震災後は、孤立した自宅や避難所で、食料調達手段を絶たれたままで暮らしていた人がたくさんいた。山間部や、入江をはさんだ海に近い土地では、家は無事でも交通が遮断され、孤立している人も少なくなかった。全国から連日届く大量の支援物資も、自宅が無事で、家で生活している人には届かなかった。生きていることだけで、誰もが精一杯だった。

それでも、地震から二週間が過ぎた三月最終週から、菅野は時間をやりくりして、クラブハウスのウエイトトレーニングルームでトレーニングを再開した。

「周りには家を流された人もたくさんいるけれど、僕らがラグビーに打ち込むことで、少しでも元気を出してもらえたらいいと思ったんです」

しかし、外はまだ走れずにいる。トレーニングルームのランニングマシンを走っているだけだ。

節電で外が暗い、今年は例年になく寒い。そんな事情もあるが、理由はそれだけではない。

「ラグビーどころじゃねえだろ」

そう感じる人がいるんじゃないか。そんな人の気持ちを考えてしまうと、まだ、人目のある外を走る勇気は出てこなかったのだ。

同じことを、逆の立場から考えていたのが、チーム最古参、三十四歳のロック三浦健博《たけひろ》だった。

「選手もみんな『自粛しなきゃ』みたいな雰囲気を感じてたと思う。でも、ずっと地元のオレがトレーニングを始めれば、みんなも『やるしかねえな』となると思った」

三浦は、釜石工高から新日鐵釜石に入って六年。クラブ化したシーウェイブスで十年。通算すれば十六年、釜石ラグビーに浸ってきた。南隣の大船渡工高出身のフルバック津嶋俊一が前年度で現役を引退したことで、新日鐵時代からの生き残りとしても、地元（岩手県沿岸部）出身選手としても、クラブで唯一の存在となっていた。

「十年前にクラブ化したとき、大先輩の桜庭さんに『これから大丈夫なんでしょうか』と聞いて『オレたちはラグビーやるしかねえんだよ』と言われたことをよく思い出すんです。釜石というこんな小さい町に、ラグビー選手が四十何人もいる。こんな町は他にないでしょ。だから僕らを守ってくれて、ラグビーができる環境を作ってくれている皆さんに恩返しをしたい」

三浦自身、簡単に割り切れたわけではない。生家は釜石の北隣、役場ごと津波に呑《の》まれ、壊滅的被害を受けた大槌町《おおつちちょう》だ。地震から一週間は頭を抱えたまま時間が過ぎた。町に出ると、被害を免れた商店もすべて閉まり、町中が暗く沈みきっていた。

「だけどある日、一軒のスーパーが開いていて、まるで電気がついたような光を感じたんです。そのとき、誰かが何かをやらなきゃこの状態は変わらないんだ。だったら自分も、そんな存在になりたいと思った。

それに、オレたちがラグビーをやってる姿を見せれば『釜石はまだラグビーをやれる状態なんだ、大丈夫なんだ』と全国の人に思ってもらえると思う。復興するんだ、と期待してもらえると思うんです」

歩みは早くはなかった。それでも少しずつ、釜石のラグビーマンたちは、立ち上がろうとしていた。

第一章　スクラム釜石

その日、石山次郎は静岡県藤枝市のA病院へ向かっていた。新日本製鐵の子会社、日鐵パイプラインの技術者としてパイプライン建設現場を監督する石山は、作業員が、万が一現場でケガをしてしまったときに備え、治療処置の講習を受けさせるための打ち合わせをすることになっていた。

その日は道路が空いていたので、予定よりも早く着きそうだった。石山は、病院とは目と鼻の先にあるコンビニエンスストアの駐車場にクルマを停《と》め、時間を調整することにした。

コンビニで買った缶コーヒーを飲みながらカーラジオを聞いていると、待ち合わせの三時まで十五分ほどになった。そろそろ移動しようか、と身体を起こしかけた矢先だった。

グラッ、とクルマが揺れた。

風だろうか、と石山は思った。だけど、ヘンな揺れ方だ。揺れが大きくて、長い。風でこんな揺れ方をするだろうか。そういぶかしがりながら、石山はクルマのドアを開けた。

地面が揺れていた。

地震だ。それもただの地震ではなかった。クルマを出ると、すべてが揺れていた。大きな地震だ。そう察知した瞬間、石山の頭を「津波」の二文字が走った。東北の太平洋岸の港町、釜石で長く暮らした石山の頭には「地震＝津波＝すぐ逃げる」という方程式が刻み込まれていた。石山がクルマを停めていたコンビニは海のそばにあった。津波がきたらひとたまりもない。震源はどこだ。

石山はクルマに戻り、ラジオをつけた。ラジオのニュース速報は、震源地が東北の方だと伝えていた。だったら、もしも津波が来るにしても、到達まではしばらく時間があるはずだ。病院のある場所は少し高くなっていたし、頑丈で高い建物に入れば、少なくとも身は守れる。そう思った石山は、すぐにクルマのエンジンをかけ、病院に向かった。

病院に着くと、建物の中がいつもよりもざわついている気がした。落ち着いていられないのだ。手続きを手早く済ませ、石山は待合室のテレビの前に急いだ。

何人かの人が、石のように固まってテレビの画面を見詰めていた。石山は、その隙間に身体をねじ込むようにして、テレビ画面の見える位置に、何とかたどり着いた。

そしてそのまま、動けなくなった。

テレビ画面は、ちょうど釜石市の様子を捉えたライブ映像を映していた。石山には馴染み深い場所だった。釜石は十八歳から三十一歳まで過ごした町だった。画面は、釜石の町を流れる甲子川《かっし》の河口近くにかかる大渡橋《おおわたりばし》を映し出していた。

だが、その姿は石山が見慣れたものではなかった。画面に映された釜石の町は、まさに破壊されていた。巨大な波が堤防を乗り越え、荒れ狂った奔流となって町をのみ込んでいく。石山は声も出せず、固まったままテレビの画面を見詰め続けた。

そこは、釜石の名物だった橋上市場《きょうじょういちば》があったあたりだ。橋上市場は二〇〇三年に姿を消していたが、石山が釜石に暮らしていた頃は、観光客でいつも賑《にぎ》やかだった。まだ高炉の火が燃えていた釜石製鉄所は、三交替制で工員たちが休みなく働き、仕事を終えた工員たちは、そのまま休みなく町へ飲みに出た。橋上市場のあたりは、飲み屋が隙間なく並ぶ「飲んべえ横町」を目指す工員たちと観光客が行き交い、いつも賑わっていた。市場の威勢のいい掛け声と、昼間から酔っぱらっている製鉄所員たちの賑やかな話し声。観光客たちの華やいだ笑い声……。そんな思い出の場所が、破壊されている。それがライブ映像で伝えられている。

画面がやがて、切り替わった。空撮映像のようだ。宮城県仙台市の南隣、名取市付近だとアナウンサーが言った。その光景はまったく信じられないものだった。広大な田園地帯を、荒れ狂った波が奔《はし》り、田畑も家々も木々も、すべてをのみ込んでいく。遠めの映像ではよく分からなかったが、徐々にアップになった画面には、もっと信じられないものが映し出された。壁も屋根も形を残したまま流されている家があれば、バラバラに破壊された家の残骸もあった。そこにクルマや船や、どこからどうやって流されてきたのか分からない丸太や木くずや、色も大きさも雑多なものが、泡のように溢れながら流れ、田畑をのみ込み、道路をのみ込み、今まさに新しく家々をのみ込もうとしていた。

誰かが呟いた。

「これ、映画……じゃ、ないんだよね……」

石山も同じ思いだった。目の前の映像が、実際に起こっていることとは思えない。ミニチュアセットで撮影しているSF映画か何かのようだ。

だけど、これは実際に起こっていることなんだ。

石山は、必死で、自分に言い聞かせた。

どうしたらいい。何をすればいい。

無意識のうちに携帯電話を取り出すと、バッテリーが切れかかっていることに気付いた。まったく、こういう日に限って……。石山は病院を出てコンビニに向かい、急速充電器を買った。電話の充電が済み、電話帳を検索した。

誰に電話をすればいいだろう……。

新日鐵釜石ラグビー部時代の仲間の顔が、次々に浮かんだ。大丈夫だろうか。今は釜石を離れている選手もたくさんいる。仙台にいる仲間も多い。新日鐵の関連会社に出向している者たちは、海に近い港湾建設現場で働くことも多い。

だが結局、石山は誰にも電話をかけないまま、携帯電話をしまった。

現地は電話がつながる状態じゃないだろう。もしもつながったとしても、自分と話をしている余裕などないはずだ。着信音を鳴らして、気を散らせたりしたらかえって迷惑をかけてしまう。

石山は事務所に戻ることにした。病院での打ち合わせは延期になっていた。このあと、現場の作業進行スケジュールだってどうなるか分からない。とにかく情報を集めなければ。

事務所に戻ると、誰もがテレビの前にかじりついていた。石山も一緒になって画面を見詰めた。先ほど見た映像が繰り返し流され、新しい映像も流れた。

「大変なことになるなあ……」

誰もが口々に呟《つぶや》いた。

「もしかして、阪神大震災よりもひどいことになるかも」

誰かがそういうと、「まさか、そこまでは……」と一人が言った。

一九九五年一月十七日早朝、兵庫県南部を襲い、六千人を超える犠牲者を出した阪神・淡路大震災は、現代日本における大災害としては最大・最悪のものと、多くの人が思いこんでいた。石山が勤務する現場があった静岡県藤枝市は、東海地震、東南海地震による大規模災害が予想され、防災意識の高い土地柄だ。それでも、震災当日の空撮映像から、どれだけの被害が発生し、そこからの苦しみがどれだけ続くかを、想像することは難しかった。

その言葉を受けるように、それまで言葉を発しなかった一人が、重い口を開いた。

「いや、これは、とんでもないことになるよ……」

その言葉を聞いてから、その場にいた人たちは、彼が仙台から来ていたことに気付いた。

いったい、被害はどこまで広がってしまうんだろう……殺風景な事務室を、重苦しい空気が包んだ。

何をしたらいいんだろう……。

誰もが言葉を失っていた中で、石山は、自分がこれからするべきことは何かに思いを巡らせていた。

同じ頃、新日鐵釜石V7時代に選手兼監督を務め、日本ラグビーのスーパースターとして、常に中心的存在だった松尾雄治は、地震があった直後に、家業の運送業で使うトラックを駆って東北を目指した。だがガソリンが足りず、すぐに戻ってきた。すでに東北だけでなく、首都圏でもガソリンは手に入らなくなっていた。あらゆるガソリンスタンドには、気の遠くなりそうな行列ができていた。焦燥感に駆られた松尾は、被災地の知り合いに片っ端から電話をかけ続けた。だが電話は一本もつながらない。それでも電話をかけ続けたら、一本も通話ができないまま、バッテリーは切れてしまった。

石山は、震災の日、家に帰ると、ひたすら情報収集に努めた。テレビ、ラジオ、そしてインターネット。東北以外にいるOBたちとは、電話でも徐々に連絡が取れた。

大地震の翌日、首都圏在住の釜石OBたちの間をメールが駆け巡った。

「釜石ラグビー部関係者の皆さん
テレビを観《み》ながら涙を禁じ得ません。今回の『東北地方太平洋沖地震』での東北地方の甚大な被害。特に我々が共に汗を流し、慣れ親しんだ釜石やその周辺地域が壊滅的な状況になっているのを目の当たりにし……」

発信人は、Ｖ７時代にフランカーで活躍した高橋博行だった。秋田高専でラグビーを始め、技術者として新日鐵釜石製鉄所に就職しながら、ラグビー部入部を熱望し、上司とラグビー部長を口説き落として入部。セオリーにとらわれない動き、独特の危機察知力で勝負を左右するタックルを見舞い続けた男だった。

高橋の簡潔なメールは、こう結ばれていた。

「居ても立ってもいられないような気持ちになっているのは私だけではないと思います。何かできることはないでしょうか？」

高橋は、石山と同様、千葉に自宅を構えていた。釜石ラグビー部のＯＢたちは、首都圏にも多く住んでいた。製鉄技術、生産ラインのオートメーション化が進み、世界の経済状況の変化もあいまって、釜石製鉄所は合理化が進み、人減らしが進んだ。富士製鐵ラグビー部が誕生した一九六〇年当時、約八千人いた釜石製鉄所の従業員は、Ｖ７の末期には約三千人まで減少し、一九八九年に最後の高炉が廃止されたあとは、三百人を切るところまで縮小された。ラグビー部を引退した者は、次の選手を迎え入れる枠を空けるために、自ら進んで釜石を離れた。高橋も石山も同じだった。

そして、OBたちが散らばっていたのは首都圏だけではなかった。新日鐵の製鉄所のある愛知県東海市や福岡県北九州市、さらにプラントなどの現場は全国各地に散らばっている。その誰もが情報を求めていた。

高橋のメールは、情報を求めて乾ききっていたOBたちの心に火をつけた。

最初は、安否情報、それも、報告ではなく安否の確認を求める声が大半だった。

新日鐵本社には、衛星携帯電話を通じて釜石から情報が送られてきた。岸壁にある全天候バース（貨物船に製品を積み込む施設）が損壊したことなど製鉄所の状況、自家発電の予備燃料を病院からの要請を受け提供したこと、魚市場に大型船が座礁していること、松倉のラグビー場をヘリポートとして貸与していること。そして、帰宅困難社員は社内、各事務所内で待機していること、社宅と寮に居住する社員と家族は全員無事が確認できたこと……しかし、情報は限られていた。持ち家に住む社員の安否、ましてやその家族に関する情報は皆無だった。

釜石を離れている者には、石山のように直接電話するのを控えていた者も、松尾のように居ても立ってもいられず電話をかけ続けた者もいた。

　二日が過ぎ、三日が過ぎると、少しずつ連絡が取れ始めた。釜石市内のライフラインはまだ復旧しなかったが、自家用車とガソリンを確保できた者が、携帯電話の電波が飛んでいるところを探しあて、電話をかけた。

「たったいま、××から電話があった」

　返信に返信を重ね、長大になったメールの冒頭には、少しだけ安堵《あんど》した気持ちがにじむ数行が書き加えられ、一斉に送信された。

　釜石ラグビー部のＯＢには、東北各地、中には首都圏などの出身ながら釜石ラグビー部の門を叩《たた》き、引退後は釜石を離れた者が多かったが、それで縁を失ったわけではなかった。釜石には一緒にボールを追ったラグビー仲間がまだ何人も残っていたし、職場の仲間や上司や部下も残っていた。転職したり、退職したりして釜石に住んでいる仲間もいる。そして、彼らの少なくない人数が、釜石やその周辺で生まれ育った女性と結婚していた。彼らの家族、親戚の多くは、隣の大槌町や旧三陸町（現・大船渡市）なども含めた釜石の周辺に住んでいた。そしてその多くは、津波に襲われた場所であり、震災当日から通信は途切れていた。

　だから、誰かの無事の報《しら》せは、誰にとってもわが事のように嬉《うれ》しかった。メールには、次々と「よかったですね」の言葉が書き加えられ、また飛びかった。

ただ、やむをえないことだが、良い報せばかりではなかった。

釜石V7時代の最初の三年間に活躍し、釜石市ラグビー協会の会長を務めていた佐野正文は、津波に呑まれ、落命した。ほかにも、家族を失った者や、義父母を失った者がいた。助かった者の中にも、家を失い、自動車を失い、家財道具をすべて流された者もいた。中には、シーウェイブスの現役選手も含まれていた。

家族の安否が分からず、いても立ってもいられずに釜石を目指した者もいた。予備のガソリンを手配できないままクルマに乗り込み、途中でガソリンを待つ長い列に並んではほんの十〜二十リットルを補給することを繰り返し、三日がかりで釜石にたどり着いた者がいた。東京から被害のほとんどなかった秋田へ飛行機で飛び、秋田在住のOBと合流し、物資を調達して釜石を目指した者がいた。沿岸部より早く電話の復旧した内陸、盛岡市に住むあるOBは、休みの日はすべて、釜石へ支援物資を届け、親戚や仲間、知人、友人たちの消息を探ることに費やした。彼らからも、「○○は生きていた」「××は家は流されたけれど、家族みんなで△△の避難所に身を寄せている」といった情報が届けられ、そのたびに「よかった」とコメントを加えられたメールがまた飛び交った。

安否情報とともに、現地を見てきた者から届けられたのは、現地の窮乏を訴える情報だった。

家を失った者は、避難所の学校や体育館や公民館に身を寄せていたが、十分なスペースがあるはずもなかった。家が残った者たちの多くが、近所や親戚で家を失った者を進んで受け入れた。だが、それは違う苦境を生んでいた。

釜石には（釜石に限ったことではないが）全国各地、世界各地から、大量の支援物資が届けられた。しかしその配給を受けるのは、基本的に避難所に身を寄せている人たちに限られていた。家が無事で、家を失った者を自宅に受け入れた者は、すぐに食材が底をついた。流通は止まっている。水も電気も電話も燃料も、手に入らない。善意の行動に出た人が、逆に苦しんでいるというのだ。そういう中には、新日鐵釜石ラグビー部の仲間もいた。

いったい、何から手を付けたらいいのだろう……連日届く大量のメールに目を通しながら、考えた石山は、シンプルな結論に達した。

釜石へ行こう。

単身赴任している静岡県藤枝市から釜石市までは、片道八百キロ近い距離があった。だが石山の自家用車は高燃費を誇るハイブリッド車、トヨタのプリウスだった。

満タンなら、およそ九百キロ走れる。物流が麻痺《まひ》していた首都圏とは違い、静岡県ではガソリンは問題なく手に入った。予備のガソリンを携行するために必要なスチール製の携行缶は全国的に売り切れ状態だったが、重機を使用する建設現場の事務所には常備してあった。

その頃、被災地へ駆けつけたいと思いながら、多くの人は、ガソリン難によって、その思いを断念していた。ガソリンのある地域から駆けつけようにも、携行缶が手に入らず、やはり動けない人が多かった。石山は、そのどちらでもなかった。

やきもきしているよりは、行った方がいいと、石山は思った。釜石は大変なことになっている。何かをしなければ。だが、何をしたらいいのか、何が求められているのか。それは、現地がどうなっているか見てみないと、判断できないと思ったのだ。迷惑をかけるかもしれない。だけど、すべてが整うのを待っていたら、何もできない。見切り発車は覚悟の上だった。

石山は、先に釜石入りしてきたOB仲間から様子を聞いて、水の要らないシャンプー、身体を拭くウェットタオル、カップラーメンなどの食料、水、灯油など、必要と言ってきたもの、必要そうに思えたものを大量に買い込んだ。女性には生理用品が不足していると聞いたが、何をどう買っていいかわからない。石山は静岡に単身赴任中。建設現場の職場も男ばかりで、そんなことを相談できる相手はいなかった。そう思っているところへ、ちょうど元新日鐵社員で釜石製鉄所の後輩社員だった永久理恵が、仕事で浜松にくると言う連絡があった。じゃあ一杯飲もう、という話になったついでに、女性の視点から、被災地へ届けるものを選んで買ってもらい、プリウスに積み込んだ。静岡を出発する前日、東北自動車道が一般車両にも開放されるというニュースがとどいた。それなら、時間をかけずに行ける。

静岡を出発する前、石山は、ふと思い付いた。

みかんを持って行こう。

静岡はみかんの産地だ。みかんは冬が旬だが、静岡の名産、三ケ日《みっかび》みかんは、収穫後に三月まで貯蔵して、甘さを増したところで出荷する。石山も、出回り始めたばかりのその年のみかんを口にしたとき、その甘さに胸を打たれた。三月十一日の震災以来続いてきた、重苦しい時間に、少し光が差した気がした。

これを、釜石の人たちに食べてもらおう。

プリウスの車内は、大量に積み込んだみかんのいいにおいと、やはり大量に積み込んだガソリン、灯油のにおいが混じり合い、不思議な感じがした。高速道路を走っていくと、たくさんの自衛隊の特殊車両やバス、大型トラック、タンクローリーが次々と石山のプリウスを追い越していった。被災地へ物資を届けに、あるいは救援のための人員を運んでいく車両だった。パーキングエリアで休憩すると、制服姿の自衛隊員がたくさんいた。自衛隊員の多くは、間近で見ると、おどろくほど若い、少年の面影を残していた。その一方で、きっと自分と同じような思いを抱えているのだろう、荷物をたくさん積み込んだ普通の自家用車に乗り込む、中年の夫婦も見かけた。被災地は東日本の太平洋岸全土に広がっている。彼らの口からは、石山にはにわかに位置が思い出せない、いろいろな地名が聞こえてきた。

北上で高速を降りた。釜石へ向かう国道二八三号線沿いの景色は、一見したところ普段と変わりがない。ところどころ、赤いパイロンが立っているのを見つけると、それは道路の真ん中に穴があいていたり、橋の継ぎ目《つめ》に大きな段差ができていることの目印だった。それさえ気を付ければ、走ることに問題はなかった。周りには相変わらず、自衛隊の特殊車両が溢れていた。

地震直後は通れなくなっていた新しい仙人峠道路の長いトンネルと長い橋を抜けると、見慣れた景色が目に入ってきた。二十年以上前、毎日過ごした、松倉の景色だ。汗がしみこんだグラウンドは、ヘリポートになっているという。石山は、グラウンドへ寄りたい気もしたが、まずは釜石へ来た目的を優先しようと思った。内陸にあるグラウンドや、その近くにある社宅に住んでいるラグビー部関係者には、被害が少ないことは聞いていた。それよりも、モノを届けるのが先だ。

ＪＲ釜石駅を過ぎて海が近づくと、風景が変わり始め、同時に異臭が漂ってきた。クルマの窓を閉めていても入ってくる、焦げ臭さと磯臭《いそくさ》さが混じり合った臭いに、胸が締め付けられる気がした。道路は辛うじて、クルマが真ん中だけ通れるようになっているが、周囲には瓦礫がうずたかく積まれていた。粉砕された家の残骸、骨組みだけになったビルに、ひしゃげたクルマが突き刺さり、大小さまざまな船が折り重なる。家具の残骸、アメのように曲った鉄筋……そのどれもが、ついこの間まで、釜石の人たちの平穏な暮らしを支えていたものなのだ。もしかしたら、その下にはまだ、見つかっていない行方不明者が埋まっているかもしれない。そう思うと、感傷に駆られてクルマを停めたり、外へ出たりはできない気がした。石山は先を急いだ。

津波で家を失ったラグビー部の先輩がいる栗林《くりばやし》の避難所。ラグビー部時代に個人的にお世話になった知人が身を寄せている大渡《おおわたり》の避難所。石山は、プリウスに積んできた物資を届けた。みな、嬉しそうに受け取ると、周りの人に分けた。石山が最後に加えた静岡名産の「三ヶ日みかん」には、誰もが「美味《おい》しい」と声をあげた。嬉しそうな声を聞いて、石山は本当に、みかんを持って来て良かったと思った。

その日は遠野あたりに泊まろうと思っていた。釜石市内の宿泊施設は全滅している。津波の被害を逃れた地域もあったが、まだ上下水道も電気も電話も物流も復旧していない。泊まれるところなど、あるはずがなかった。

遠野まで行けば泊まれるだろう、と石山は思っていた。釜石からクルマで一時間足らず内陸に向かえば、民話の里として知られる遠野がある。そこなら、ビジネスホテルや旅館、民宿が何軒もある。だが、行ってみると、状況は想像以上だった。遠野は、岩手県の沿岸部に最も近い、一定規模をもった市であり、災害救援部隊やさまざまなボランティア組織、報道陣の基地になっていて、宿泊施設に空いている部屋は一切なかった。結局、二時間半近くかけて花巻まで戻らないと、泊まる場所は見つからなかった。

翌日、石山はまた釜石まで行き、北隣の大槌町へも足を延ばした。釜石時代にお世話になった知人を訪ね、持参した支援物資を渡した。大槌の荒廃ぶりは釜石以上だった。瓦礫だらけなのは変わらないのだが、残っている瓦礫の種類が違う。釜石では木材や紙類も見かけたが、大槌の瓦礫に木材、木片は見当たらなかった。それは、燃えるものはすべて燃やしつくされてしまったという残酷な事実を示していた。

大槌の知人に、渡せるものをすべて渡すと、石山は釜石へ戻った。新日鐵釜石ラグビー部の後輩でシーウェイブスのゼネラルマネージャー（GM）の高橋善幸《よしゆき》や、シーウェイブス主務の仲上太一に、必要な支援について聞いた。

新日鐵の事務所では、やはりラグビー部の後輩だった小笠原常雄にも会った。小笠原は、妻の両親を津波で亡くしていた。消息を探って、遺体安置所を探していたとき、偶然見つけたのが、佐野正文さんの遺体だったという。小笠原は、涙をぼとぼと落としながら、言葉を絞り出して石山に伝えた。

「こんなに大変なことになっているのに、何もできなくて悪いな」

石山は、どう声をかけていいか分からず、そんな言葉を搾り出すのが精一杯だった。

釜石から千葉の自宅に戻り、単身赴任先の静岡に戻った石山は、連絡を取り合ってきたOBたちに、自分で撮影してきた写真を添付してメールを送った。タイトル欄には「支援のあり方について」と書いた。

「石山です。

釜石〜大槌と行って来ました。

写真で見られる様に大変な惨状です。釜石は、およその通りが道路部分だけ通れるようになりましたが、かつての風景とは想像がつかない程荒れ果てていました。

大槌は、釜石や鵜住居、片岸《かたぎし》等とは風景が異なります。

木片の残骸が見当たらず、金属の残骸だけが積み重なっている状況です。おそらく木を始めとする燃えるものは全て焼けてしまったのでしょう。

辺り一帯が焦げ臭く、金属だらけなので、人力で残骸を寄せようとか、片付けようといった気にならずただ立ち尽くすだけでした。

その下にはまだ人がいるかもしれないということを考えると、上に上がってみる気にもなりません。

松倉から駅前に走ると、一見何事もなかったかのように、これまでの風景と変わるところは何一つなし。ただ、自衛隊の拠点とされている学校には多くの隊員と車両がありました。それが、駅前に行くと写真のように一変します」

メールではそのあと、仲間から預かった品々を、どこの避難所にいる誰に届けたか、ラグビー部仲間の誰と会うことができて、どんな様子だったか、避難所や、シーウェイブスのクラブハウスにはどのように支援物資が届いているか、それらが行き渡っているところと行き渡らないところにどのような格差が生じているか、などヒアリングしたことを共有のために書きだし、その上で、石山は自分が実際に釜石・大槌へ行って感じたことを、こう書いた。

「皆さんが心配されているように、少しでも早く援助をしなければ……という思いについて。これはやはり個人によって温度差があります。

釜石に親戚や知人がいる人や、特別な思い入れがある人は、早く何らかの支援をしなければ、という使命感に駆られているのかもしれません。

しかし中には、知人親戚もいるわけではなく、しかも『仕事や自分のことで精一杯』という人も多いはず。

ここで前者に当てはまる人は、釜石に行って、心配している人のところに直接行き、直接話をして、直接援助したい人にモノを渡したらいかがでしょうか。

外周で心配するより直接出向いて話したほうがピンポイントの支援ができると思います。

皆さんが『何か早く支援を』ということを焦っているなら、それはもしかしたら、『あの人にもこの人にも満足してもらえるように、しかも釜石OBとして……』といった八方美人というか、カッコよく援助を、という意識があるからではないでしょうか。

私がそうだったのですが、全てを満たす行動はできるはずがありません。直接釜石に行って、援助したい人に直接渡してきたら、何かスッキリし、また少し落ち着きました。

迎えてくれた人たちも、差し入れを喜んでくれるとともに、なによりも『わざわざ釜石に来てくれた』ということで嬉しそうでした。今の段階では、これが第一だと思います。

OB会としての援助は、やはり組織立てて合理的に進めるべきと考えます。検討する時間はありますから、組織として援助することをじっくり考えましょう。しかし、『行きたくても手段がない』ということで皆さん焦っているのだと思います。

高速道路のGSで営業しているのは約半分（半分は品切れや休業）。岩手県に入ると営業しているGSはかなり限定。営業しているGSは三キロ～五キロの長蛇の列。釜石ではガソリンにまつわる暴力事件も発生とのこと。今後ガソリンの供給がどのくらいで改善するかは分からない。もし釜石まで行きたいという方がいれば、私のプリウスとガソリン携行缶を貸しますので使ってください。GSに寄ることなく余裕で往復できます。使いたい方は早めに連絡をお願いします。

以上、釜石に行ってきたことの報告方々、物資を提供してくれた方々へのお礼でした」


石山のレポートも影響したのかもしれない。ガソリン事情が少しずつ改善してきたこともあったろう。四月に入り、また何人かが釜石を目指した。

V7時代にフッカーとして在籍した松坂好人は、四月七日に北に向かい、東北道を走行中に激しい揺れに遭った。二十三時三十二分、最大震度6強という、最大規模の余震が東日本一帯を襲ったときだった。停電で真っ暗になった中を走り、盛岡にある松坂の実家にたどり着くと、その数日前から業務で釜石に入っている同期のフランカーだった泉秀仁《ひでひと》から「着いたか？」と電話があった。

「今、盛岡に着いたけど……停電で信号が消えてるんだ。これじゃ危なくて釜石まで行けねえかも」

松坂がそう言うと、泉は笑った。

「信号が消えてるって？　こっちは信号がねえんだ。つべこべいわずに来い！」

泉は、破壊された釜石市の下水道施設を緊急で仮復旧する工事のため、釜石入りしていた。釜石在住のラグビー部仲間にも助けられ、作業の段取りがつくと、津波に襲われた沿岸部に足を延ばした。

　このときの思いを、泉もまた、メールに載せた。

「時間が出来たときに吉里吉里《きりきり》までいってきましたが、途中、両石《りょういし》、鵜住居、大槌と、テレビや写真では伝わらない、映画やアニメでも表現できないのではないかと思うほど想像を絶する光景でした。どうやって復興するのか、今のところ想像できません。一人で考えても己の無力を潜在意識に植えつけるだけになりそうなので、やっぱり仲間が集まるのがいいと思いました」

　松坂も、現地で初めて感じた思いをメールに載せた。

「色々な人と会って個人的に思ったことは、みなさん話し相手がほしいのでは？　ということです。話したいこと、聞いてもらいたいことなど心の中に溜《た》めているものをだれかに吐き出すことで、自分自身に頑張ろうと言い聞かせているように聞こえました。釜石へ行くのは控えたらという声もありましたが、行って良かったと思います」

同じ頃、石山の知らないところでも、釜石ラグビーを復活させようという動きが始まっていた。

四月二日、東京大、東北大などのラグビー部OBを中心に活動している『学士ラガー倶楽部《くらぶ》』のメンバーに、『「釜石シーウェイブス復活支援の会」について』と題したメールが回った。送信したのは、東北大ラグビー部OBで、釜石市出身の三笠広介だった。広介の父、三笠洋一（故人）は、新日鐵釜石ラグビー部の部長としてV7の礎《いしずえ》を築いた人物だった。広介の弟の杉彦は東大ラグビー部のOBで、同大で監督を務めたこともあった。釜石シーウェイブスの事務局長には東大ラグビー部OBの増田久士《ひさし》が就いていた。東大や東北大のラグビー部は、合宿などで釜石を訪れ、釜石シーウェイブスの施設を借りてトレーニングを行い、シーウェイブスの若手選手に実戦練習の相手になってもらうなど、いろいろな人脈がつながっていた。三笠兄弟は、連絡をとりあってすぐにできることは何かを考え「釜石シーウェイブス復活支援の会」を立ち上げ、まずは存続が危ぶまれていたシーウェイブスの活動を支えるサポーター会員を増やす活動を始めていた。

「復活支援の会」とOBたちを結び付けたのは高橋博行だった。高橋は、三笠杉彦が東大ラグビー部の監督を務めた際、杉彦に請われてコーチを務めたことがあった。四月十日、石山と高橋博行は三笠兄弟と都内で会合を持ち、互いの思いを語り合った。ともに、釜石のために何かをしたい、だがひとりの力でできることは少ない、支援を続けて行くには組織化が必要、という思いは一致していた。

会合を持った四人は、翌週、関東近郊に住む釜石OBや支援者たちに呼び掛けて、これからの支援の方法、組織づくりについて話し合うミーティングを持つことにした。場所は、小田急線参宮橋《さんぐうばし》駅に近い新日鐵代々木研修センター、「代々木倶楽部」を確保した。もともとは「新山谷寮」という新日鐵の寮だった建物を研修目的に改装した施設で、複数の会議室とレストラン、宿泊設備を備えている。新日鐵釜石の七連覇時代も選手はここに宿泊し、日本選手権優勝後の祝勝会もここで行われ、選手や関係者に加え、有名タレントや他競技のプロ選手も大挙して押しかけたという。

この時期は新入社員研修で満室だったが、新日鐵本社に勤務する釜石ラグビー部OBの藤井邦之《くにゆき》が支配人と交渉し、レストランの奥をパーテーションで区切り、ホワイトボードを持ち込んで、即席の会議スペースを作ろう、ということになった。それなら食事をしながら話し合える。民間の会議スペースを借りるとなると、食事の手配が面倒になるし、それなりに費用が発生してしまう。「そんな金があるなら、シーウェイブスへ送った方がいい」というのが、釜石ラグビーを気に懸けている者たちの思いであり、代々木倶楽部の支配人もスタッフも、その思いに共鳴したのだった。石山や高橋博行、松尾雄治、三笠兄弟ら主要メンバーのスケジュールを調整した結果、ミーティングは四月十七日の日曜日、夕方に決まった。石山と高橋博行は、前日の十六日、釜石へ向かい、佐野正文の葬儀に参列。波に呑まれた大先輩を送ると、とんぼ返りで東京へ引き返し、翌日のミーティングに備えた。

歯車が、動きだそうとしていた。

四月十七日、晴天に恵まれた東京は、穏やかな陽気に包まれていた。

太陽はちょうどてっぺんにさしかかっていた。秩父宮ラグビー場の駐車場には、三千人のラグビーファンが集結していた。秩父宮ラグビー場に人が集まるのは、二月二十七日に日本選手権決勝が行われて以来だった。

この日、秩父宮で行われたのは、「東日本大震災復興支援イベント　ラグビー：フォーオール　ニッポンのために！」と銘打たれたチャリティイベントだった。震災直後から、ジャパンラグビー　トップリーグ・キャプテン会議の廣瀬《ひろせ》俊朗《としあき》代表（東芝）、七人制日本代表の村田亙《わたる》監督らが日本ラグビー協会に働き掛けて実現した。とはいえ、余震の危険性がまだ消えない中で、スタジアム本体の使用は見送られ、前例のない、スタジアム駐車場を活用したイベントとなった。雨天の場合はどうするか、最終的には詰め切れないまま、見切り発車で動きだした企画だった。それだけに、当日の晴れた空をみたとき、実現に奔走した人たちは深く安堵した。

会場には、トップリーグ各チームの選手たち、十五人制と七人制の男女の日本代表選手たちが顔をそろえた。

イベントが始まると、会場に駆けつけた、東北出身の選手たちがステージに上がった。

宮城県東松島市の実家が津波で流されたリコーのＳＨ《スクラムハーフ》池田渉《わたる》は、最悪の事態を覚悟したが、一週間以上たってからようやく実母と連絡が取れたと明かした。

福島県郡山市の出身、東芝と日本代表で不動のロックとして活躍する大野均《ひとし》は、原発の被害を逃れて東京の味の素スタジアムに避難していた福島県出身者のもとへ、何度も炊き出し、激励に出向いた。酪農を営む実家では、放射能の風評被害で、搾乳したばかりの生乳を廃棄していると話してくれた。

さらに福島県いわき市出身でクボタのロック清野《せいの》輝俊、宮城県登米《とめ》市出身のリコー・ウイング小松大祐《だいすけ》、山形県出身のサントリー・フッカー山岡俊《たかし》、秋田県出身の七人制日本代表キャプテン・トヨタ自動車のセンター山内貴之……東北各地にゆかりのある選手たちが次々に仮設ステージに上がり、被災地への支援を訴えた。日本代表とトップリーグ各チームは、公式戦用ジャージーやチームグッズに選手たちのサインを入れ、チャリティオークションに出品した。イベント実現に奔走したキャプテン会議の廣瀬代表は、慶大を卒業するときに一枚だけもらえる記念の「黒黄ジャージー」を出品。慶大の恩師、上田昭夫元監督に「それ、ホントに出すのか？」と驚かれた。ラグビーファンなら誰もが欲しがるような豪華な品々に、ファンの財布の紐《ひも》は緩んだ。というよりも、それは募金に等しかった。

イベントが終わりに近づく。キャプテン会議の廣瀬代表がマイクを持つ。廣瀬は震災直後、キャプテン会議を通じてトップリーグなどの各チームに「被災地に防寒着を送ろう、使い古しのチームウェアで構わないから、寒さで困っている人たちに届けよう」と呼び掛けた。そしてこのイベントの発起人として、チャリティイベント実現に奔走したのだった。廣瀬は言った。

「やっと第一歩を踏み出せました。復興には十年以上かかるとも言われていますが、これからも長い間、東北の皆さんにも自分の力で立ってもらって、それをみんなで力を合わせて支えあっていきましょう」

廣瀬のあいさつに続いて、壇上に上がったのは、釜石シーウェイブスのレプリカジャージーを着た一団だった。

「私たちは、釜石シーウェイブスを支援するために立ち上がりました」

マイクを持ってあいさつしたのは、釜石での下水道修理作業を終え、勤務する千葉に戻っていた泉だった。横には、やはり一週間前に釜石へ行ってきた松坂がいる。釜石ラグビーの象徴、三陸沿岸の港町では富来旗《ふらいき》と呼ばれる大漁旗を掲げているのは、釜石シーウェイブス復活支援の会を立ち上げた三笠広介と、八王子を拠点に活動している私設応援団「ふっくら応援団」の黒滝豊だ。

「釜石シーウェイブスは、サポーターのみなさんに支えられて活動しているクラブチームです。しかし、今回の震災で、釜石の町も人も大変な被害を受けてしまいました。私たちは、釜石シーウェイブスの私設応援団のみなさんと、我々新日鐵釜石のOBと、一緒になって全国のみなさんに、サポーターになっていただこうと呼び掛けていこうと思います。みなさんも、どうぞサポーターになって一緒に釜石シーウェイブスを支えていただけますようお願いします」

二時間ほどのイベントで、募金箱には百三万四千七円、チャリティオークションの売り上げが五十六万五千六百円、チャリティグッズ販売額が三十四万五千五百円、さらに、風評被害で売れなくなっていたJA全農特別即売ブースの売り上げから十万円が寄贈され、総額二百四万百七円が集まり、日本ラグビー協会から日本赤十字社へ寄贈された。

それは、三月十一日以降、自分たちの気持ちを表現する機会がなかなかなかったラグビーファンたちの気持ちだった。

その二時間後、秩父宮ラグビー場から山手線の線路を越えた小田急線参宮橋駅の近くにある新日鐵代々木研修センターには、チャリティイベントの終わった秩父宮ラグビー場から泉や松坂、三笠、黒滝らが移動してきていた。前日に佐野正文の葬儀のため、釜石へ往復した石山と高橋博行をはじめ、釜石V7のカリスマ司令塔として活躍した松尾雄治、その後継者として活躍した角《すみ》（旧姓・小林）日出夫《ひでお》、佐々木和寿、石山にスクラム練習で鍛えられた長山時盛……V7時代の錚々《そうそう》たる英雄たちが顔を揃《そろ》えていた。そこには、新日鐵本社ラグビー部「NSCラガー」からも代表の秦幸一郎、主務の早川弘治が参加していた。「NSCラガー」もまた、毎年のように釜石に遠征して、シーウェイブスの選手たちと交流し、選手の中には実際に釜石勤務経験のある者もいた。新日鐵釜石時代から取材経験を持つメディア関係者も、何人か同席していた。そこにいる全員が、釜石ラグビーが再び立ち上がるために、釜石が、東北が立ち上がるために、どうしたらいいか、何をしたらいいか、行動するために集結していた。

議論は百出していた。集まったメンバーの心配事は、まず被災地・釜石の復興であり、釜石シーウェイブスの存続のためにどんなサポートが必要なのかだった。司会を担当した石山は、最初から結論を出すために整理して進めるのではなく、提案、意見などを自由に発言する形式を取った。

・OBたちが釜石に集まって何か行事をできないか。

・シーウェイブスの運営資金が足りなくなる可能性があるという。シーウェイブスに直接お金を届けるにはどんな方法がベストか。サポーター会員を増やせばよいのではないか。

・釜石関連のグッズを作って販売してはどうか。

・釜石だけでなく、近隣地域も含めた支援はできないか。

・我々はラグビーで集まっている仲間なのだから、風呂敷を広げずにシーウェイブスに支援を集中するべきではないか……。

どの意見にも説得力があり、リアリティがあった。そして参加者は、どんな意見を口にするときでも、自らに言い聞かせるように付け加えるのだった。

「釜石の市民は『今はラグビーなんかやっている場合か？』と感じるかもしれないけど……」

それは、そこに集まっていた者誰もが感じていたハードルだった。被災地を見てきた者は皮膚に刻まれた感覚で、まだ被災地を訪れていない者は痛みを伴う想像を積み重ねて現地の人の感覚を理解し、できる限り尊重しなければいけないと思っていた。それを忘れてはいけないと、各自が自らに言い聞かせていた。だが、人を傷つけないことだけを考えていては一歩も前に進めない。

何が正しいということではない。それでも、議論は袋小路に迷い込みかけていた。

そのとき、口を開いたのは松尾だった。

「シーズンのことを考えたら、ちゃんと練習できる状態を作ってあげないと。シーウェイブスの選手たちは、震災直後からこれまで、ボランティア作業をいっぱいやってきたんだから、あるところで区切りをつけて、ラグビーに打ち込めるようにしてやらないと」

そうなのだ。

この人たちは、ラグビーで日本一という目標を掲げ、それを勝ち取り、それを守り続けるという重い目標を背負い、また勝ち取り続けた人たちなのだ。

「釜石ラグビー」とは日本一を目指す。それが本来の状態なのだ。

約一週後の四月二十三日、土曜日、夕刻。代々木倶楽部に、メンバーは再び集まった。十七日のミーティングの後、石山から「活動する会の名称を決めなければなりません」というメールが発信されていた。この日は、これからどう活動していくかを協議するとともに、会の名称を決めることが最大のテーマだった。

組織の名称については、それまで、各自がメールに「仮称」をつけてやりとりしていた。

四月十七日の代々木のミーティングに際して議事録を作成した松坂は、ファイルの名称に「釜石復興支援の会（仮称）第1回打ち合わせ議事録」と書いた。それに先立つ三月二十五日、石山が釜石へ向かっている間に高橋博行、松坂、泉、佐々木らと開いた吉祥寺ミーティングの議事録を作成した永久理恵は「三陸支援プロジェクト（仮称）」と書いた。それらのタイトルには、そのミーティングで話し合われた話の中身と、議事録をまとめた者の思いが反映されていた。

石山は、ミーティングの前に、会の名称について案がある方は提出して下さい、とメールを回し、自らは「釜石復活支援の会」「釜石を関東から応援し隊」「立ち上がる釜石を支援するOB会」「釜石SW底上げ隊」という候補案を併記した。メールを受け取った4・17ミーティング参加メンバーからは、いろいろな案が寄せられた。映像プロデューサーの中川幸美《さちみ》は「明日へのキックオフ」「釜石の『前へ』をバックアップする会」など、佐々木は「釜石ALWAYS」など、高橋博行は「不死鳥のようによみがえることを祈念」して「釜石フェニックスクラブ」を、他にも「ラグビー釜石復活プロジェクト」といったそのものズバリの名称から、「チアアップ釜石」「エンカレッジ釜石」など間口の広い案も寄せられた。

四月二十三日、夕刻。代々木倶楽部の会合には十四人が出席した。

会の進行を預かったのは、永久理恵が参加しているNPO法人「日本ファシリテーション協会」のメンバーの鈴木まり子だった。「ちびまり」こと鈴木は、会議をスムーズに、かつ建設的に進行させることのスペシャリストだった。

鈴木は、組織の名称決定にあたり、まず理念の明確化を提案した。私たちが釜石シーウェイブスを支援する理由は何か。釜石シーウェイブスの存続は、なぜ必要なのか。釜石シーウェイブスは被災地にとってどういう存在なのか。

出席メンバーは、それぞれの思いを口にした。

意見は概《おお》ね、次のような声に集約された。

・釜石シーウェイブスに勝ってほしい。勝つことによって、市民が熱中して応援してくれる。結果、復興の力になる。
・我々にできること、強みはやはりラグビーである。ラグビーを通じた支援活動で釜石を元気にさせたい。
・V7は釜石市民にとって誇りであり、V7メンバーの持つ影響力は今も大きい。
・V7メンバーが表に出るのではなく、表に出るのはシーウェイブス。そのシーウェイブスを支援するのがOBである。
・被災者を直接支援するのではなく、我々はシーウェイブスを支援する。それによって釜石が復興する。
この理念を共有した上で、会議はいよいよ「名称」の問題に入っていった。

事前にメール等で寄せられた名称は二十一あった。

「どれもいいよね」と言ったのは高橋博行だった。それぞれのネーミングに込められた意味に、釜石への思い、復興への思い、いつかよみがえった先の釜石へのオマージュ……たくさんの思いが想像できた。

鈴木は、大きめの付箋紙を出して、一枚にひとつずつ、候補を書き込むと、それをホワイトボードに張り出して、言った。

「皆さん、ひとつに絞るのは難しいと思いますから、いいな、と思ったもの三つに印をつけてください」

それからしばらくの間、ミーティング参加者は、各自が名称候補と向き合った。ホワイトボードに向かい、思い思いの意見でマーキングをした。全員がマークを終えた結果、票を集めたのは次の候補だった。

・ラグビー釜石復活プロジェクト…10
・釜石復活支援の会…9
・釜石ラグビー復活応援プロジェクト…6
・釜石ラグビー復活支援プロジェクト…4
・釜石を再び元気にする会…4
・釜石SW復活プロジェクト…3

支持を集めた候補は、概ね似たような言葉が並んでいた。

「キーワードは『ラグビー』『釜石』『復活』『支援』『プロジェクト』といったところですね」

鈴木は言った。流れから言って、この候補から、名称を決めるのだろうな……そんな、安直な予想は裏切られた。

鈴木は言った。

「じゃあ、この言葉を吟味してみましょう。まず「支援」。この言葉は、言われた側はどう受け取るでしょうか？」

新鮮な視点だった。これまでは「自分（たち）に何ができるか」という思いがモチベーションの大半を占めていた。しかし、活動団体が被災地に入って何かを届けるなりをしようとすれば、必然的に自分たちの名を名乗ることになる。

それを想像して、改めて候補名と向き合うと、それまで深く考えてこなかった単語のひとつひとつに対して、いろいろな思いが湧き上がってきた。

「支援っていうと、ちょっと『上から』っぽいかもしれないね」

「確かに『してあげる』というイメージがあるね」

参加者は、それぞれの思いを口にし始めた。

「プロジェクトというのも、言われる方は嬉しくないかも」

「外からいじられる感じがするかもしれないな」

「復活、というのも、聞きようによっては今を否定しているように聞こえる」

「過去を美化しているみたいだしね」

「ＯＢの存在が前に出るイメージを与えてもよくないよ」

「何か、違う言葉を使ってもいいのかもしれないな」

　そのとき、鈴木がふと言った。

「ラグビーを連想する言葉を使ってみてもいいのではないですか？」

　言われてみれば不思議なことに、それまで机上にあがった候補には、「ラグビー」と関連する単語はひとつも入っていなかったのだ。

「ラグビーといえば、どうだろ、やっぱりスクラム？」

「あとは、タックル」

「ピンチをチャンスに変えるという意味で、ターンオーバーとか、カウンターアタックもいいんじゃない？」

「そのものずばり、トライはどう？」

　話しながら、ミーティングの場を包む空気が、どんどん明るくなっていった。それはイメージを固定化する作業ではなかった。まだぼんやりとしているイメージをひとつの言葉に押し込むのではなく、イメージへの入り口となる言葉、あるいはイメージを広げる言葉を探す作業だった。

「キックオフ」

「ノーサイド」

「ワンフォアオール、オールフォアワン」

「サポート」

「バインド。これはマニアックすぎるかな」

「プッシュ」

「フォロー」

「ライン参加」

一通り、皆が意見を言い終えると、場には「結論を出そう」という空気が生まれてきた。

「やっぱり『スクラム』かな」

高橋博行の言葉に、テーブルを囲む誰もが、うんうんと頷《うなず》く。

結束。団結。力を合わせて困難に立ち向かう。「スクラム」は、この震災に際して立ち上がったメンバー一人一人の思いを集約するのに、まさに相応《ふさわ》しい言葉だった。

「じゃあ、スクラム釜石、かな」

「例えば、2011とか3・11とか、数字をつけることは考えますか？」

「年をつけると、その年だけの動きみたいに思えてしまうし、3・11は津波を思い出してしまうよね」

「何もつけない方が、『いつでも、いつまでも』のメッセージを込められるんじゃないかな」

「シンプルだけど、いい名前じゃない？」

場の空気が、また明るくなった。

それから、話は会の体制固めに進んだ。何しろ会の名前が「スクラム釜石」なのだ。代表は当然、石山だろう。それは、その場にいる誰もが思ったことだった。この場があること自体、石山の思いと行動力なくして考えられなかった。現役当時は表に出ることを避け、マスコミ嫌いとして知られた石山が、積極的に行動し、情報を発信して多くの賛同者を集め、組織作りをリードしたのだ。石山と密に連絡を取り合い、クルマの両輪として活動を牽引《けんいん》してきた高橋博行が事務局長につくのも自然な成り行きだった。

「じゃあ松尾さんは？」

と誰かがいった。この日、松尾は都合で欠席していた。しかし釜石ＯＢが動く以上、松尾は不可欠の存在だと、誰もが知っていた。

「松尾さんは、キャプテンでしょう」

石山の言葉に、出席者全員が笑顔で頷いた。

「じゃあ、次郎ちゃん、一言お願いします」

高橋博行に促され、石山が立ち上がった。

「私たちの名前が『スクラム釜石』に決まりました。本当なら『スクラム』『釜石』なら代表は当然、洞口《ほらぐち》さんになるところですが、残念ながら洞口さんがいないので、かわりに石山が務めさせていただきます」

石山は、V7時代にともに釜石のスクラムを支え、一九九九年に四十五歳の若さで他界した先輩にして盟友、洞口孝治《こうじ》元監督の名をあげて、代表受諾の決意を示した。

「石山は相変わらず、人前でしゃべれない。何ができるわけでもなく、できるのはスクラムだけですが、皆さんの力を借りながら、釜石の復興のため、シーウェイブスを支えていく活動の先頭に立っていこうと思います」

釜石のラグビーを、外からサポートしていく拠点が、この日、動き出した。

第二章　戦いの季節

澄み切った青空の向こうに、雪をかぶった秀峰・岩手山が雄大に聳《そび》え立《た》っていた。山々の萌《も》える若葉が、吹き抜ける風に揺れる。「五月の岩手は一日の中に四季がある」というけれど、この快適な気候を伝えるには、どの季節の呼び名でも収まりきらない。陽光と新緑、優しい風が、年に一度だけ奏でる精緻なシンフォニー。きっと、この日の素晴らしさを表すために「五月晴《さつき》れ」という言葉はあるんだろう。

二〇一一年五月十五日。天に祝福された日曜日の午後、釜石シーウェイブスは、盛岡南公園球技場で、震災からの初戦に臨んだ。

四十六回目を数えるIBC（岩手放送）杯ラグビー招待試合。富士製鐵釜石時代から、大学のトップチームを招き、岩手県のラグビー普及・発展を目指して行われてきた大会に、この年は特別な意義が加わった。

試合名に冠せられたコピーは、

「ラグビー復興支援試合　絆《きずな》　いわて　ふるさとは負けない！」

東日本大震災の被害から、岩手の、東北の人たちが立ち上がるための、それは象徴となるべき試合だった。象徴にならなければならない試合だった。

釜石からは、貸切応援バス五台が、早朝から市内各地の避難所を回り、昼食・温泉休憩つきで無料招待した市民ら百六十人を乗せて、仙人峠を越えて盛岡へやってきた。前座として岩手県中学選抜×秋田・将軍野中、黒沢尻《くろさわじり》工高×秋田工高のジュニア試合が行われている間に、盛岡南公園球技場の観客席は埋まった。高校生の試合では、津波の被害を受けた宮古と釜石の高校教諭がレフリーとアシスタントレフリーを担当した。メイン試合の前には「ラグビーレジェンドグランレヴュー」と題された、往年の名選手たちによるタグラグビー試合も挙行された。

集まった伝説の釜石戦士たちは、豪華な顔触れだった。日本代表キャップ保持者だけでもV7前期のスクラムを支えたフッカー和田透、V7時代の主将、監督を務めた名センター森重隆、釜石フォワードの核としてタックルに密集戦に体を張ったロック畠山剛《はたけやまつよし》、堅守とカウンターアタックでチームを最後尾から支えた名フルバック谷藤尚之《なおゆき》、カリスマ司令塔でミスター・ラグビーと呼ばれた松尾雄治、寡黙にスクラムを支えたプロップ石山次郎、頑健にしてしなやかなナンバーエイト千田美智仁《ちだみちひと》、勤勉に体を張り続けるロック桜庭吉彦。さらにノンキャップ組もフランカー高橋博行、ウイング永岡章、センターにして名キッカーの金野年明、スクラムハーフ坂下功正ら、V7時代のヒーローがズラリと並んだ。

さらに同志社大・神戸製鋼で釜石の牙城に挑み続けた林敏之を筆頭に、笹田学《まなぶ》、藤田剛、本城和彦、吉野俊郎、生田久貴という豪華なジャパン経験者も駆けつけた。

男たちだけではない。そんなレジェンドたちをタグ対決で迎え撃ったシーウェイブス・ジュニアの少年たちの助っ人《すけと》には、女子日本代表の鈴木彩香《あやか》、鈴木実沙紀《みさき》、U18日本代表の鈴木陽子ら横濱《よこはま》ラグビーアカデミーの精鋭が参戦した。まさにラグビー古今東西・老若男女のスターの競演。スタンドからは、少し腹の出たレジェンドたちのプレーに拍手と笑いが、初めて見る女子トップ選手たちの鋭く華麗なプレーに拍手とため息が、そしてシーウェイブス・ジュニアの子どもたちの懸命なプレーに熱い声援が送られた。

プレマッチイベントの最後には、林敏之が主宰するNPO法人「ヒーローズ」が復興支援イベントで集めた支援金をシーウェイブスの高橋善幸GMに贈呈した。かつて「壊し屋」と呼ばれ、対戦相手に恐れられた英雄は、マイクを持って言った。

「僕は同志社でも神戸製鋼でも、何とかして釜石に勝ちたいと思ってやってきて、なかなか勝てなかった。そんな釜石だから、必ず復活してくれると信じてます。神戸も瓦礫の中から復活しました。釜石、岩手、東北の皆さんもがんばりましょう！」

ライバルからのエールに、会場は多くの拍手に包まれた。Ｖ７戦士やジャパン戦士は、試合の後も募金箱を手に、さらなる支援を訴えた。

「いつもと違う雰囲気を感じなかった選手はいなかったと思います」

ほんの二週間前、シーウェイブスの新しいキャプテンに任命されたばかりの佐伯悠《ゆう》はそう言った。

「ジャージーを着て、グラウンドに出たとき、何とも言えない気持ちになった。胸が熱くなりました。試合前の黙禱《もくとう》のときは、地震からこの二ヵ月間のことが頭を過ぎって。こうしてまたラグビーをできることが本当に嬉しかったし、多くの人に支えられているんだなと感じた」

特別な試合。それは口に出さずとも、誰もが理解していた。

三月十一日、長く続いた激しい揺れ。三十分後に襲ってきた巨大な津波は、世界一の湾口防波堤も破壊し、家を薙《な》ぎ倒《たお》し、ビルを破壊し、恐ろしい引き波が、多くの尊い命を海の底へと運び去った。

それから二ヵ月。

特別な試合にかける思いは、試合開始から芝の上で爆発した。青いジャージーの関東学院大とのカラークラッシュを避け、赤いセカンドジャージーを着たのは天の配剤だった。シーウェイブスの十五人は、まさしく燃える火の玉と化し、走り、蹴り、ボールを追った。

開始五分、敵陣ゴール前に攻め込んだところで、相手キックに佐伯主将が身を投げ出して渾身《こんしん》のチャージダウンを決める。直後のスクラムからナンバーエイト馬渕勝《まぶちまさる》がサイドを突き抜けた。釜石シーウェイブスの先制トライ。二千四百二十四人が固唾を呑んで見守っていたスタンドが、解き放たれたように歓声を上げ、揺れた。

十三分には、フルバック藤原誠の相手タックルを突き抜けるパワフルな突進から左中間ゴール前に攻め込み、ＰＫから素早いアタック。ライン参加したフッカー小野寺政人の華麗なロングパスを受けたウイング菅野朋幸がインゴールに躍った。

十八分には、沸き起こった「カーマーイシ！　カーマーイシ！」の叫びに押されるようにスクラムを猛然と押して相手ボールを奪い、すかさず馬渕が二本目のトライを決める。

二十四分、関東学院大に一トライを返される。それまでのシーウェイブスなら、そのまま試合の流れを手放すことも多かった。だがこの日のシーウェイブスはナイーブさとは無縁だった。二十八分、自陣から豪快に走ったフランカーのスコット・ファーディーをサポートした馬渕が前半だけでハットトリックの三本目。そして三十五分には、ウイング菅野が逆サイドに走り込むムーブから、右へフルバック藤原誠、センター佐々木天晃《たかみつ》へ展開し、最後はセンター森山裕樹が右隅へ飛び込んだ。

トライのたび、バックスタンドでは二十本を超える富来旗――いわゆる大漁旗が翻った。その中には、津波で市街地が壊滅した大槌町で、瓦礫の中で生き残り、復活のシンボルとしてシーウェイブスに寄贈された旗もあった。

この日、気迫溢れるプレーが特に光ったのが、センターの佐々木天晃であり、フルバック藤原誠だった。

「ピッチに出る前、並んで待っているときに鳥肌が立ちました。スタンドから聞こえてくる歓声もいつもと違う。何か、泣きそうになりました。いつもは全然、そんなことないんですが」と佐々木は言った。

佐々木は有賀剛《あるがごう》（サントリー）や正面健司《しょうめん》（神戸製鋼）、君島良夫（NTTコムー日野自動車）らバックスに逸材が揃った二〇〇一年度の高校日本代表でトンガに遠征し、翌年はU19アジア選手権に出場した実力者だった。東芝に進んだ二〇〇三年度には、いまだトップリーグの最年少記録として残る十九歳でのデビューも果たした。佐々木からは盛岡工高の二年先輩にあたる藤原は、二〇〇一年の世界ジュニア選手権、〇二、〇三年のU21世界選手権に出場。多くのトップリーグのチームから誘われたが「地元の岩手に、こんなカッコいいクラブがあるなら」と、郷里に戻り、自動車ディーラーとして働きながらシーウェイブスでプレーすることを選択した。ともに、シーウェイブスでは貴重な、世界との真剣勝負を知るユース代表経験の持ち主であり、センスとスキルは際立つ存在だった。

だがこの日、二人が目立ったのはスキルよりもフィジカル、上手《うま》さよりも激しさだった。関東学院大のタックラーが襲ってきても構わず突き進み、タックルを浴びながらオフロードパスを通し、ヘッドオンタックルで相手を吹っ飛ばした。

「試合が始まってしまえば、いろんなことは考えなかった。集中するだけでしたね」

藤原はそう言った。

三月十一日の大震災でも、シーウェイブスの選手は「奇跡的に」全員が無事だった。ライフラインが途切れた中で、選手と家族たちはクラブハウスに集まり、助け合って生き抜いた。クラブハウスとグラウンドのある松倉地区は内陸にあり、津波の被害を逃れたのだ。

だが、中には海辺に自宅のある選手もいた。

藤原は、津波に家を呑まれた一人だった。親族には津波に流された人もいた。被災から二ヵ月、他人には想像もつかないほど、重い時間を過ごしてきたはずだ。改めて意識するまでもなく、試合前には特別な昂《たか》ぶりが襲ったのだろう。入場のときから、目は真っ赤だった。

「試合中は集中できて、楽しかった」

藤原も、佐々木も、佐伯も、同じことを口にした。言葉の裏には、これだけ没頭できる時間はなかなか持てない、という現実も窺《うかが》えた。

ラグビーは、被災地の人に勇気を与えるだけではない。被災地の人自身が、自らのエネルギーを解放し、内に秘めた獣性を放出し、後先を考えずに闘争に身を浸す、最高のレクレーションなのだった。

関東学院大戦は後半に入った。十人を入れ替えたシーウェイブスは、再び隙のない「入り」を見せた。二分にウイングに回った森山、八分に後半登場のセンターで前キャプテンのピタ・アラティニが連続トライ。十五分には途中出場のスクラムハーフ長田剛のグラバーキックを追ってウイング菅野が、二十分には途中出場のスタンドオフ井上益基也《みきや》が自身のキックをナンバーエイト馬渕と共に追い、四連続トライで突き放した。

試合毎に、いや、試合の中でも出来が変わる——まさかチーム名に従うわけでもなかろうが、シーウェイブスは波のあるチームだった。いいプレーが八十分間続かない。肝腎の勝負所で規律を保てず、不用意なミスを犯す……酷な言い方になるが、クラブ化からの十年は、その繰り返しだった。しかしこの日は、前半も後半も最初の十分に波に乗り、次の十分間にも抜け目なく加点する理想的な戦いぶり、集中ぶりを発揮した。

そして試合は、最後の二十分間を迎えた。どんなチームにとっても、最も苦しくなる時間帯だ。まして、全体練習再開から僅か十日余りで初戦を迎えたシーウェイブスにとって、それは最も苦しい時間帯だった。

結論を言えば、釜石は二つのトライを失った。試合は五十九対五から、五十九対十七まで追い上げられた。

だがその取られ方に、シーウェイブスのスタンダードは表れていた。

二十五分に奪われたトライは、ターンオーバーから関東学院大がキック、戻った釜石のセービングがバウンドで乱れ、関東学院大が再び奪って速攻で攻めきったものだったが、パスを受ける青いジャージーには釜石のカバーディフェンスが後から後から突き刺さった。

そして三十八分。攻め込んだ釜石の落球から関東学院大ウイング渡邉昌紀《わたなべまさき》がカウンターアタックに出た。のちに七人制日本代表で世界を相手にトライの山を築く学生屈指の豪脚が右のオープンスペースを快走する。そこへ、前キャプテンのアラティニが猛然と追いすがり、タックルに入る！　だがその瞬間に渡邉はオフロードパスを出す。行かれたか？　だがそこへも、必死に追った次のタックラーが突き刺さる！　その次も、その次も……最終的には関東学院大の青いジャージーが意地のトライをねじ込んだのだが、次から次へと、波のごとく押し寄せる釜石のカバーディフェンスは見応えがあった。

3・11からの二ヵ月間、シーウェイブスの選手たちは老人ホームや救援物資仕分け所などでのボランティア活動、生活や職場の再建に追われ続けた。全体練習を再開してまだ十日余り。とうにガス欠になっていてもおかしくない時間帯に、執念のカバーディフェンスは続いた。心を揺さぶる光景だった。スタンドからは、言葉にならない熱い声援が降ってきた。

「毎年ここでは試合をしてるけど、今日は試合ができるってだけでゾクゾクしました」と佐々木天晃は言った。

「僕らは『チームがなくなるかもしれない』という思いを抱えてこれまで過ごしてきましたから。クラブハウスに避難して、裏山に入って薪を拾ってきたり、川で水を汲《く》んできたり、チームメートと家族同士が助け合って乗り越えてきた。チームがなくなったらこの仲間とも離ればなれになってしまう。だから、このメンバーでまた試合できることが本当に嬉しいんです。

これだけ結束力の堅いチームは、日本中どこにもないでしょう。前のシーウェイブスには淡泊なところもあったけど、今はどんなときも粘り強くやらなきゃって気持ちになれるし、その気持ちがあるから最後まで走れる」

その集中を、一シーズン維持し続けることができたなら……確かに、シーウェイブスは新たな領域に足を踏み入れるだろう。

「今回は二週間しか準備ができず、難しいところはあったけれど、いい試合ができた」

今季から指揮を執るポール・ホッダーHC《ヘッドコーチ》は言い切った。

「今日、プレーヤーは喪章をつけて、失われた生命、財産に深いリスペクトを捧《ささ》げて試合に臨んだ。今シーズン、すべての試合で、我々はその気持ちを忘れずにプレーしていきます」

それから二週間。五月晴れの盛岡とは対照的に、雨の降り続く東京・秩父宮ラグビー場に、釜石シーウェイブスは姿を見せた。二〇一六年リオデジャネイロ五輪から正式種目として採用される七人制ラグビーの強化のため、国内のトップチームを招いて開催された「セブンズフェスティバル２０１１」に、釜石シーウェイブスは関東ラグビーフットボール協会会長推薦チームとして招待されたのだ。練習を再開したばかりで、セブンズの練習など何もしていない。「ちょっと無理です」と言っても、日本協会の担当者は「頼むから来てくれ。来てくれればいい」と口説いた。シーウェイブスが出場すること自体が、震災復興へのメッセージになる。無論、集客効果も期待しての要請だったろう。シーウェイブスは、被災地のスポーツチームの象徴となっていた。

そんな読みは、二重の意味で外れた。

秩父宮ラグビー場は前日からずっと雨が降り続き、客足は残念ながら伸びなかった。

もうひとつは、釜石シーウェイブスの戦いぶりだ。セブンズの準備などまったくできなかったはずのシーウェイブスは、一回戦では日本選手権王者のサントリーに五対二十六で敗れたものの、一回戦敗者によるコンソレーション戦では、トヨタ自動車を十九対十、準決勝ではパナソニックを十対五で破る快進撃を見せたのだ。スタンドには、雨の中を駆けつけた釜石ファンが陣取り、富来旗を振り続け、苦しい場面では誰からともなく、

「カーマイシ！」

「カーマイシ！」

の叫びが沸き起こった。

シーウェイブス快進撃の立役者は、このシーズンが二年目のレオことピエイ・マフィレオだった。前年は膝の治療に専念していたため出場ゼロ。実質的にはルーキーだったが、〇八年の「ワールドカップ・セブンズ2009アジア地区予選」決勝、嵐の香港で日本に優勝を決める逆転サヨナラトライをもたらした豪脚は、雨の秩父宮でも爆発した。静から動へ、突然スイッチが入るダイナミックなステップからの急加速は、相手タックラーを置き去りにした。トヨタ戦は一トライ一アシスト、パナソニック戦はチームの二トライをともに決めた。リコーとのコンソレーション決勝戦は十九

対二十九で敗れたが、レオはこの試合で三トライ二ゴール、釜石シーウェイブスの全得点をあげたのだった。

「今日の試合には、釜石の人たちへエールを送る気持ちで臨みました」

震災後、初めての首都登場となったシーウェイブスの、ほとんどの得点を稼いだレオはそう言った。

「震災の時はショックだった。でも、みんなで助け合って、ずっとボランティアをしていました。他のスポーツでは、自分の国へ帰ってしまう選手も多かったけど、私は釜石が自分の国、自分の家だと思っている。出て行くことは考えられなかった」

そこから一週間。

六月五日、日曜日。釜石には、真夏を思わせる日差しが降り注いでいた。

「復興祈願　釜石ラグビッグドリーム２０１１」と銘打たれた、釜石シーウェイブスとヤマハ発動機の春季オープン戦。これは、巨大津波に襲われた三陸沿岸地域で、震災後初めて開かれたスポーツイベントだった。「松倉グラウンド」こと釜石市陸上競技場のピッチを囲むすり鉢状の芝生席には、市内各地の避難所からかけつけた人も含め千五百人が陣取った。

「公式戦も含めて、松倉での試合では今までで一番多いと思います」と高橋善幸GMは言った。

「震災から三ヵ月で、本当にここで試合ができるかどうか、分からなかった。不安はあったし、迷ったけれど、やってよかった」

試合は、運命的に実現した。

「釜石のスタッフはみんなつきあいが古くて、何でも言い合える仲なんですよ」

被災地に試合で訪れる最初のチームを率いた清宮克幸《きよみやかつゆき》監督はそう言った。早大、サントリーで手腕を振るった清宮監督は、このシーズン、ヤマハ発動機の新監督に就任していた。

「何が必要か、遠慮なく言ってくれよ。何でも送るから」

シーウェイブスの増田事務局長に電話した清宮は、そう言った。増田は答えた。

「モノよりも、ヤマハの選手を連れて試合に来てくれたら一番嬉しいよ」

だけど、五〜六月の週末はビッシリ詰まっていた。

「行けるとしたら六月五日しかないなあ」

清宮がそう答えると、増田も笑って返した。

「実はウチもそこしか空いてないんだ」

清宮は「これは運命だ」と笑った。

清宮はすぐに、交通費自前で釜石まで出向くことを約束した。四月末には清宮監督が長谷川慎《しん》コーチ、かつて釜石シーウェイブスに在籍していたプロップの田村義和を伴って釜石を訪れ、シーウェイブスの高橋善幸GMとともに釜石市の野田武則《たけのり》市長を訪問。試合開催に正式なゴーサインが出た。ヤマハは、静岡県磐田《いわた》市の復興支援事業を通じて釜石市と山田町、大槌町の沿岸三市町に電動アシストつき自転車三十台も寄贈した。

さらに、多くの支援が、実現した試合を後押しした。

支援組織「スクラム釜石」松尾雄治キャプテンの尽力で実現した吉野家の牛丼炊き出しにヤクルト400LTがついて千食、甘い匂いに長蛇の列ができた。オーストラリアから届いたオージービーフによるステーキサンドが四百食、新日鐵釜石V7時代のOB角（旧姓・小林）日出夫さんが社長を務めるチタカ・インターナショナル・フーズ提供の「なめらかプリン」二千食、さらに元フランス代表フルバック、セルジュ・ブランコさんらの尽力でフランスから空路で届いた衣類千着がすべて無料で提供された。ホッダーHCのクレスタ夫人、アラティニ前主将のミーガン夫人が呼びかけたシーウェイブス奥さんチームは、子どもたちや女性に、フェイスペイントやボディペイント、髪の編み上げなどオシャレ心も届けた。そこは、ラグビーというキーワードだけで繋《つな》がった、遊び心に溢れたテーマパークだった。

家が瓦礫やヘドロに埋まっている人も、生活と仕事の再建の見通しが立っていない人も多いはず。だがこの日の松倉には、被災した人々の日常を覆う無数の心配事を、束《つか》の間《ま》忘れさせる非日常の空間が、確かに存在していた。

「場合によっては一方的な試合になるかもしれませんが、最後まで温かい応援をお願いします」

試合前、場内には悲観的なアナウンスが流れた。そしてそれは、すぐ現実となった。

震災犠牲者へ一分間の黙禱を捧げて迎えたキックオフから僅か六十五秒。元シーウエイブスのヤマハのプロップ田村義和の突進で得たPKから、スクラムハーフ小池善行がクイックで仕掛け、ヤマハの新加入ウイング田中渉太が右隅に飛び込んだ。続くキックオフからも、ナンバーエイトのモセ・トゥイアリイの突破からの連続攻撃で五分に再び田中。その次のキックオフからもモセとセンターのマレ・サウの連続突破から連続展開で、八分にまた田中が飛び込んだ。

釜石も、一方的に蹂躙《じゅうりん》されたわけではなかった。前週のセブンズフェスティバル、コンソレーション戦でトヨタ自動車とパナソニックを連破した粘り強いディフェンスはこの日も健在。抜かれても抜かれても、カバーディフェンスが次々と戻って突き刺さった。

それでも、清宮新監督のもと、レスリングトレーニングと徹底した走り込みを重ねてきたヤマハは、すべてのブレイクダウンで先手を取り密集を支配した。粘り強く守る釜石のタックルが高くなった隙、手追いになった隙を見逃さずに必ずゲイン。攻と守の我慢比べを制して、ボールをトライラインまで運んだ。開始からわずか十分、ルーキーの三連続トライという衝撃のロケットスタート。

釜石市内の宿泊施設が被災しているため、ヤマハの選手たちは前夜、内陸の遠野市に宿泊した。試合当日は、バスの出発時間を早めて、釜石市内と北隣の大槌町の被災地に足を延ばし、バスの中から現地の様子を見た上で松倉入りした。テレビで見る瓦礫とは、大きさが違っていた。広がりが違っていた。高さが違っていた。ひとつひとつの瓦礫に生活感が見えた。においがした。たくさんの人の切ない思いが、そこには浮遊していた。

「試合の前に被災地を見たことで、やっぱり特別な思いがわいてきました」

試合開始から三連続トライを決めたルーキー田中は言った。

「テレビで見ていたのとは全然違いました。日本で本当にこういうことが起きているんだ。そして僕らはここで試合をさせてもらえるんだ。そのことの意味を真剣に考えた。そして『自分にできることは走ることとやな』という原点に戻った。昨日は磐田からここまで来るのに七時間くらいかかったけれど、そのくらい、被災地で生活している皆さんの疲労やストレスとは比較にならないですから」

前半はその後もウイング津高宏行、センター徐吉嶺《ソ・キルヨン》、再び田中とトライを加えたヤマハが三十六対〇とリードして折り返した。ヤマハは後半も、一分にロックのデーリック・トーマスが飛び込む好スタート。しかし直後の三分だった。釜石はロックのスコット・ファーディーのターンオーバーから、前週のセブンズでブレイクしたフルバックのピエイ・マフィレオがヤマハの防御を振り切りディフェンスの裏に出ると、そのまま逃げ、インゴール左隅へ飛び込んだ。

その瞬間、すり鉢状になった松倉グラウンドの全体から、地鳴りのような拍手と歓声が沸き起こった。ピッチを囲む陸上トラックを富来旗が駆けた。三月十一日の悪夢から、長い間耐え続けた末のカタルシスに、誰もが大声を出していた。

釜石シーウェイブスの高橋善幸GMは深く息を吐いた。

「今日来て下さった方は、いろんな意味で被災された方がほとんど。その方々が釜石コールを叫んで、大漁旗を振って下さっていた。その姿を見て、試合をやれて良かったと思った。選手もお客さんも、それぞれが『元気になろう』と自分から意志を持って動いているんだな、と思いました」

歓《よろこ》びの時間は長く続かなかった。釜石はセンターのピタ・アラティニやナンバーエイト馬渕勝、フランカー須田康夫の突破を軸に攻め立てるが、ヤマハの防御は堅牢《けんろう》だった。決して釜石に最後の一線を越えさせず、逆にボールを奪っては、カウンターでトライを重ねた。最終スコアは七十六対五。

「ここで戦う意味を選手自身が考えたことで、最後まで集中を切らさずに戦ってくれたんだと思う。今日は一皮むけた試合をしてくれた。シーズンの最後に『この釜石戦があったから優勝できた』と言いますからね」

清宮監督は、得意のリップサービスに、被災地でこそ得られた特別の思いを込めた。

シーウェイブスの佐伯悠主将は、遠くを見るように言った。

「震災直後のことを考えたら、想像もできない。夢みたいです」

右目の周りにできた青い隈《くま》が、激しい試合を物語っていた。自らの意志で、激しく野蛮な闘争に身体を張りぬく心地よさ。遠くから駆けつけてくれた強敵を相手に、結果はどうあれ戦い抜いた充足感が、汗まみれのジャージーから立ち上る。

「ここに仮設住宅が建つという話もあったし、緊急用のヘリポートになっていて、全然練習もできなかったですから。本当に、この試合を実現させてくれた関係者の皆さんに感謝しています」

結果に満足はしていない。だが、点数がすべてだとも思ってはいない。

「ここ、松倉で試合をするというプライドを持って戦おうと言って試合に臨んだけれど、最初は気持ちが空回りして、地に足がついていない感じがあった。ただ、自分たちの甘さ、練習不足を肌で感じたのは収穫だと思うし、前に出るディフェンスで粘れたのは手応えにしていい」

同じことを、ホッダーHCも強調した。

「良かったのはディフェンス。試合中、最後まで強いタックルを続けてくれた。その中でミスタックルが出ると、本当に強い相手は見逃さないことも痛感したけれど、それも含めて学習。今日の経験はすべてポジティブに受け止めています。何より、私たちはこの国でベストのファンを持っている。彼らの前で試合を見せることができたのが嬉しい」

清宮監督は最後に言った。

「釜石も、トップリーグ昇格を決めたとき『このヤマハ戦があったから上がれた』と言ってくれるはずですよ」

ヤマハ発動機もまた、チーム存続の危機を経験していた。この試合の一年半前、本社の業績不振に伴い、プロ契約の廃止などチームの活動縮小が突如として発表されたのだ。ＯＢたちの奔走により、休部、解散は回避された。新たに就任した柳弘之社長は、ラグビー部の強化継続を明言した。それでも、外国人選手を含め十三人の仲間がチームを去った。二〇一〇年度は、三十六人というトップリーグ最少の部員数でシーズンに臨んだ。ケガ人が出ると、実践形式の練習もできない。トップリーグが創設された二〇〇三年度からの七シーズンで三度の四強入りを果たしたチームが、二〇一〇年度は史上最低の十一位に沈み、初めて入替戦に回った。

ヤマハはその四年後となる二〇一四年度、日本選手権に優勝する。

二〇一一年度は、ヤマハにとっても、再建のシーズンだったのだ。


震災からの初試合では関東学院大を破った。初めての東京遠征では、セブンズながらトヨタ自動車とパナソニックを破り、コンソレーション準優勝という成績を残した。チームは存続するのか、シーズンを迎えられるのだろうか――その段階はクリアした。

次の目標は、やる以上、より上の成績を目指すことだ。上とは――つまりトップリーグだ。

二〇一一年夏、シーウェイブスをトップリーグに引き上げるために、頼もしい男がやってきた――。

グラウンドを囲む深い森の広葉樹が、強い日射《ひざ》しを受けて濃い緑に輝いている。濃厚な草いきれの中、トンボが飛び交う。

「ずっと菅平《すがだいら》や網走で合宿してるような感覚ですよ」

タカシ――吉田尚史《たかし》は柔らかく笑った。

二〇〇三年W杯日本代表。サントリーで二度、三洋電機で三度、日本選手権優勝に輝いてきたトライゲッターは、二〇一一年夏、岩手県釜石市の住人となっていた。

「サントリーから三洋に移籍したときも『地域との密着度がすごいな』とびっくりしたけど、釜石に来たらもっとびっくり。三洋の二～三倍は密着している感じです。ファンの人たちが大勢、平日の夜の練習を見に来てくれる。選手もボランティア活動を積極的にやっている。この間も、幼稚園で作るログハウスの木材をみんなで運びました」

新天地での日々を語る口調は明るく、表情も柔らかい。

「都会のチームだったら、飲みに行く店もたくさんあるし、遊ぶ場所もたくさんあるけど、ここには何もない。飲み屋も全部津波でやられたから、みんなで川原で飲んだり、バーベキューしたりするしかない。でもそれが楽しいんですよ。空気はおいしいし、チームの一体感をすごく感じる。

それに、釜石が強くなることは、ラグビーが盛り上がるのはもちろん、日本が元気を取り戻すことにつながると思うんです」

タカシの顔に笑みが浮かぶ。

七年間在籍した三洋電機を離れることは、前年の途中で決めていた。名前もパナソニックに変わって、ジャージーも監督も変わる。いろいろな変化の年になる。いい区切りかなとタカシは考えた。

現役続行の意思は強かった。実際、トップリーグの数チームからオファーを受けていた。その話を詰めようと思っていた矢先の三月十一日、大震災が起きた。未曾有《みぞう》の大混乱の中で、時間はズルズルと過ぎた。三月末で三洋電機との契約は終了した。年度が変わり、社会が徐々に落ち着きを取り戻したときには、移籍交渉は立ち消えになっていた。

とりあえず、することがない。

サントリー時代の後輩、高野貴司に頼まれるまま、高野が監督を務める東洋大に出向き、スポットコーチとして指導したりして日々を送りながら、「このまま引退することになるのかなあ……」そんな思いを抱えていた頃だった。テレビで、釜石シーウェイブスとヤマハ発動機のオープン戦が、津波に襲われた釜石で行われていたのを見た。

画面の中では、津波で自宅を流された人たちが、みんなで大漁旗を振ってシーウェイブスを応援していた。その様子を見て「みんな頑張っているんだな、自分も、被災地の復興へ何か役立ちたいな」という思いが湧き上がった。

そう考えたら行動は早かった。自らハンドルを握り、東北自動車道を一人で北上し、まる一日かけて釜石へ向かった。

長崎で生まれ育ち、大学時代は神奈川、社会人入りしてからは東京と群馬で過ごしたタカシはそれまで、東北にはほとんど来たことがなかった。北海道の合宿に行くときには飛行機で飛び越えた。だから、以前の釜石がどんな町だったかは何も知らなかった。

　とにかく、まずは町を見てみようとタカシは思った。土地勘はまったくなかったが、なんとなくクルマを走らせているうちに、家や店が増えてきた。町らしきところになってきたな、と思っていたら、そのうちに、周りの建物がなくなり、瓦礫の山が姿を現し、同時にクルマの中にまで異様なニオイが入ってきた。

「すべてが僕の想像をはるかに超えていた。ニオイの凄《すご》さで、喉が痛くなったくらい。衝撃を受けました」

　だけど、町はそんな状態なのに、夜のシーウェイブスの練習を覗《のぞ》いたら、みんな一生懸命ラグビーをやっていた。津波で家を失った選手も一緒にボールを追っていた。そして、練習を見に来てくれる市民がいた。「ラグビーが復興の象徴だよ」と、嬉しそうに話してくれた。

　素晴らしいな、とタカシは思った。

　そして、これも縁なのかな、と。

　自分はこれまでラグビーのプロ選手として生活させてもらってきた。ラグビーをあと何年続けられるか分からない。そういうときに震災が起きた。自分はラグビーに何か恩返しをしたい。そして自分はチームが決まっていない。そこまで考えたとき、釜石に飛び込むのが、すべての条件を満たす選択だと気付いた。

七月上旬には、家族を横浜の自宅に残したまま釜石に住まいを移し、八月から正式にシーウェイブスの契約選手となった。

前年まで在籍したトップチーム時代と比べれば収入は桁違いだが「これは僕からラグビーへの恩返し。復興に貢献できればいいんだから」と迷いはなかった。逆に、同期の大畑大介らからは『何かあったら手伝うぞ』というメッセージも受けとった。三洋電機時代から個人サポート契約をしているプーマも続行を約束してくれた。

振り返れば、タカシの経歴は独特だ。普通の県立高校である長崎北で、高三の花園ではノーシードからベスト4まで快進撃を演じた。専大を経て進んだサントリーでは、一九九九年度の社会人大会一次リーグ敗退から一転、翌シーズンに日本選手権優勝（神戸製鋼と引き分け）に登り詰め、二〇〇一年にはウェールズから金星を奪った。〇四年度に移籍した三洋電機では、シーズン途中に監督が更迭されるほどの低迷期からじわじわと力を伸ばし、〇七年度から日本選手権三連覇を飾ってみせた。いわば、優勝請負人。〇二年にデビューした日本代表でも〇三年のW杯予選通過に貢献し、ブレイブブロッサムズの一員として〇三年W杯にも乗り込んだ。

「吉田さんってホントに凄い選手ですよね」。三洋電機の選手たちからは、何度もそんな言葉を聞いた。彼らが舌を巻いたのは、どんな状況でも冷静な判断を下す平常心。パニックに陥りかけたチームを落ち着かせ、点差と時間、するべきことを整理して周囲に伝達する能力。

「僕はパニックにならないんです。起きたことは仕方ない、そこからどうしていくかしか考えない。結局、勝ちゃあいいんですから」

クールな口調が頼もしく聞こえた。


シーウェイブスの目標は、トップリーグへの昇格だ。震災で存続の危機に見舞われたチームが、その年に昇格するなどという奇跡は、果たして可能なのか。

「不可能ではない」とタカシは言った。

「難しいのは確かだけど、チャレンジできないレベルではない。クラブチームだから、練習に集まれる人数も時間も制約はあるけれど、そこで最大の成果を出すための熱意は選手全員が持っている。この強い意志があれば結果は変えられるし、結果が出れば環境は変わる。それはサントリーでも三洋でも同じでした」

勝てなかったチームが、勝てるチームに変貌する節目を見てきたクールなフルバックは、勝てるチームの持つ空気感を、肌で知っている。

「そして、結果が出始めると、ファンの後押しで実力以上の力が出るようになるんです。今は決して恵まれた環境ではないけれど、もしもトップリーグに上がれたら、すべてがガラッと変わる」

そしてそれは、必ず東北の復興に繋《つな》がる。タカシはそう信じて釜石へやってきた。

三十五歳の優勝請負人が、炊事洗濯も自分でこなして、練習に通う。

シーズンインが、近づいていた。

二〇一一年度のトップイーストリーグ、釜石シーウェイブスの戦いは九月十一日、秩父宮ラグビー場の日野自動車戦で開幕。シーウェイブスは四十一対〇という圧勝で発進した。

しかし翌週の二戦目、同じ秩父宮ラグビー場で、トップリーグから降格してきたクボタに八対十三で惜敗した。

トップイーストから、トップリーグに昇格するには、最低でも二位に入らなければならない。開幕二戦目の黒星は、すでに崖っぷちに立たされたことを意味していた。

シーウェイブスはそこから、地元の初戦となった盛岡南公園球技場での横河戦に二十対十五、北上総合運動公園陸上競技場での日本ＩＢＭ戦に三十二対十四、釜石市営陸上競技場での東京ガス戦に三十四対十九と、順調に勝利を重ねた。しかし第六節、前節に続き釜石市営陸上競技場で行われた三菱重工相模原との一戦に二十二対二十四で競り負け、二敗目を喫した。

二敗を喫した釜石だったが、クボタには五点差、三菱には二点差の惜敗だった。トップイーストでは、トップリーグと同様、七点差以内の敗戦には勝ち点「一」がつく。残り試合に大量点を取って勝ち進めれば、まだ二位に滑り込む可能性は残っていた。

後のない状態で、シーウェイブスは十一月十二日、盛岡南にキヤノンを迎えた。キヤノンはここまで五勝一分。

瀬戸際の一戦。シーウェイブスは開始十分、前主将アラティニの突破から、フルバック吉田尚史のトライで先制した。スタンドで、数え切れないほどの富来旗が揺れた。

しかしそこから、シーウェイブス選手の動きがおかしくなった。力みがあるのか、細かいハンドリングミスでボールを失う。トライを求めて前のめりになったチームは、相手のカウンターアタックに反応できない。キヤノンが一方的にトライを重ねる。結果は十対八十七。キヤノンの一方的な勝利だった。

「いろいろな思いが混じり合って、気持ちが空回りしてしまったかも」

シーウェイブスの佐伯悠主将は振り返った。この日はポール・ホッダーHCも、母の急死でニュージーランドへ帰国していた。釜石からも大勢のサポーターが駆けつけた。どの角度から見ても、特別な位置づけの試合だった。

「試合前のアップから、妙にテンションが高かった。抑えられなかった主将の責任です」

むしろ、被災地の岩手で試合をすることを力にしたのは対戦相手のキヤノンだった。点差が開いても、キヤノンの選手の士気は衰えなかった。センター三友《みとも》良平は十三度のプレースキックをすべて成功する神業キックを披露した。

「釜石さんがすごい気迫でくるのは分かってたし、それが僕らの力を引き出してくれた。ここで試合をさせてもらえたことに感謝しています」とキヤノンの永友洋司監督は言った。

それは、六月に、初めて釜石での試合に訪れたヤマハ発動機とも通じるメンタリテイーだったかもしれない。

震災と向き合って戦っているのは、釜石シーウェイブスだけではない。被災地に心を向けているのは、東北の人だけではない。それもまた、事実だった。

残る二戦、シーウェイブスは秋田ノーザンブレッツを四十一対十三、栗田工業を三十五対七で破り、六勝三敗、勝ち点三十一、前年と同じ四位でトップイーストの戦いを終えた。


被災地の思いを背負い、被災地から勇気を発信しよう、その決意で二〇一一年を戦ったシーウェイブスだったが、トップリーグ昇格はならなかった。

しかし、釜石のために、東北のために、プレーヤーとしての炎を燃やそうとしたタカシの姿は、次のレジェンドを釜石に連れてきた。

二〇一二年、日本代表で二度のワールドカップを戦い、大学選手権で法大を優勝に導き、神戸製鋼で日本選手権を制し、四十歳を過ぎてもなおピッチを駆け続ける男が、釜石の地に立った。

「ワカメもらいましたよ！」

タケはそう言って笑った。

「練習が終わって、クラブハウスを出たところで、いきなりクルマから出てきたおじいさんが『釜石に来てくれてありがとう！　コレは日本で一番おいしいワカメだから、食べてくれ』と言って、生のワカメを一袋くれたんです。僕も長い間ラグビーをやってきたけれど、ファンの方からワカメをもらったのは初めてです。釜石に来た！と実感しました」

二〇一二年六月二日、釜石市の松倉グラウンドでは、釜石シーウェイブスと神戸製鋼コベルコスティーラーズの合同練習が行われていた。練習の前には、両チームの選手・スタッフが津波の被害を受けた鵜住居地区の根浜海岸に出向き、共同で土砂撤去や木材除去のボランティア作業に打ち込んだ。日本ラグビーに輝く七連覇の偉業を達成したチームのホームタウンは、十六年の時を経て、ともに震災に見舞われ、ともに立ち上がろうとしていた。

その日、片方のV7チームから、もうひとつのV7チームへと移籍した男が、新たな一歩を刻み始めた。

二〇一二年初夏。タケ――伊藤剛臣《たけおみ》。四十一歳の挑戦。

「神戸を発《た》ったのが五月二十八日です。その前の晩に、ユキオ（元木由記雄）から電話がかかってきて『明日発つんやろ、駅まで乗せてくわ』と言われて。一緒の社宅なんですよ。何の話をしたかですか？　たわいもない話ですよ。またゴルフしよな、とか……ユキオが引退してからも、月一回くらいゴルフしたり、食事したりしてましたからね」

妻の章子さん、娘の早那《さな》ちゃんとともに新神戸の駅まで送ってもらい、新幹線で東京へ。翌二十九日は東京ディズニーランドで一日遊び、三十日は一度、千葉県佐倉市にある実家に顔を出してから東京へ戻り、東北新幹線へ。新花巻で釜石線のディーゼル車に乗り換え、新緑に染まったみちのくの山並みを眺めながら、三陸の『鉄と魚とラグビーの町』へたどり着いた。

「昨日はミッキーだったけど、今日はトトロの森だね。娘とはそう話して、ずっと『となりのトトロ』を歌いながら釜石まで来ました」

そう言うと、タケは、いかつい顔をほころばせた。

法大三年のシーズンに大学日本一を達成。一九九九年と二〇〇三年のW杯に出場するなど日本代表キャップ62はフォワードで歴代最多を塗り変えた。七人制W杯にも一九九三年と一九九七年の二度出場した。神戸製鋼ではルーキーイヤーの一九九四年度に日本選手権V7を達成。一九九九年には復活の日本選手権優勝の原動力となり、社会人十年目の二〇〇三年にはトップリーグの初代王座に輝いた。およそ、あらゆるタイトルを手に入れてきた英雄は、二〇一二年春、十八年間にわたって在籍した神戸製鋼から戦力外通告を受けた。

タケはプロの契約選手だ。引退は失業を意味した。しかしチームは、神戸製鋼の関係会社に職場を用意すると提案してくれた。ありがたい話だった。タケには妻子がいる。安定を求めなきゃいけないのかな。頭をそんな思いがよぎった。キャリアアップのため、大学で教職を取ることを勧めてくれた先輩もいた。

悩む日々が、一週間ほど続いた。そんなある日、携帯電話が鳴った。日本代表で、トップリーグで、一緒に戦ったタカシ――吉田尚史が、東京で長谷川慎、高野貴司らラグビー仲間との会食中に、タケの様子を心配して電話をくれたのだ。その電話で、タカシが「タケさん、釜石で一緒にやりましょうよ！」と呼び掛けた。

実は、トップリーグの最終戦が秩父宮であった後、タケはタカシと東京で食事をしていた。タケとは四歳違いのタカシは前年に三洋電機を退団後、シーウェイブスに身を投じていた。酒食をともにしながら、タカシは釜石のことを熱っぽく話した。被災地の過酷な環境にも明るさを失わない人々。ひたむきな選手たち。遠征には十二時間バスに揺られてでも応援に駆けつける熱いサポーターたちのこと……。

タカシとのそんな会話を思い出していたタケに、電話の向こうから、今度は違う声が聞こえた。日本代表のプロップとして、タケとともに九九年、〇三年のワールドカップを戦った長谷川慎の声だった。慎はタケと同期だ。サントリーで現役を引退後、コーチを務めていたが、前年から、監督の清宮克幸とともに、契約社員としてヤマハへ移籍。現在はヤマハのフォワードコーチを務めている。

タケは電話口で尋ねた。サントリー正社員の安定した生活を捨てて、よく思い切ったな。男だな。すると長谷川は答えた。「二〇一九年にはワールドカップが日本に来るんだから。これくらいやって当然でしょう！」

その言葉が、タケの背中を押した。これまでずっとラグビーにお世話になってきた自分が、ラグビーを離れていいのか。そもそも、自分は常々「行けるところまで行く」と公言してきた身だ。幸い、体は丈夫で、いまもケガ知らずだ。六年間の遠距離恋愛を経て結婚した妻の章子さんも「好きなことをやって」と励ましてくれた。

問題は、チームが自分を採ってくれるかどうか。タケは、釜石シーウェイブスの桜庭吉彦チームディレクターに電話をした。桜庭とは一九九六年の代表デビュー以来、一九九九年W杯までほとんどのテストマッチに一緒に出場した仲だ。

「桜庭さん、釜石でラグビーやらせてもらえませんか」

「わかった、また連絡するから、ちょっと待ってくれ」

だが、いくら待っても桜庭からの返事はなかった。三週間ほど待って、タケは桜庭に電話を入れた。返事はこうだった。

「ちょっと厳しいんだ……」

難しいのか。諦《あきら》めるしかないのかな……そう思いながら、タケはタカシに電話した。「タカシ、難しいみたいだ……」そう言うと、タカシは強い口調で言葉を返してきた。

「タケさん、電話で済ませようとしないで、自分で現地へ行かなきゃ。一週間でも二週間でも一緒に練習して『コイツを採ろう』と思わせなきゃ」

タケは目が覚めた。その通りだ。神戸では昨季は一試合、四十分しか試合に出ていない。その試合も、釜石の人たちが見てくれたかどうかは分からない。情報があるとすれば「四十一歳でクビになった選手がチームを探している」ことだけだ。それで契約してくれというのは確かに無茶《むちゃ》だ。

タケはまた、桜庭に電話した。

「厳しいと言われましたが、一度、釜石へ行って練習させてもらえないスか」

「わかった、また連絡するから、ちょっと待ってくれ」

今度は、すぐに返事がきた。

「じゃあ、四月の×日から来いや」

四月中旬。タケは花巻空港に降り立った。迎えに来てくれたタカシのクルマに乗って釜石に着くと、まず沿岸部へ向かった。タケは津波の爪跡を見たいと思った。

タケは言葉を失った。

「一年以上が経《た》っても、更地はまだいい方。傾いたまま、半壊のままほったらかしの建物がそこらじゅうにある。阪神大震災を思い出しました」

そのとき、ひとりの老婆が歩いてきた。タケは「こんにちは」と挨拶を交わした。老婆は会釈して、そのまま岸壁まで進むと、じっと海を見詰めていた。

身内の方が亡くなったのか、もしかしたらまだ行方不明なのか。人口約四万人のうち、千人以上が亡くなるか、行方不明になった、その町に自分は来ているんだとタケは実感した。

だが釜石は、重苦しい、辛いだけの町ではなかった。

町に入るところ、工場の屋根に『ようこそ鉄と魚とラグビーの町、釜石へ』とデカデカと書いてある。その看板を見て、タケは『おお、オレも伝説の町に来たな！』と実感したという。もともと高一でラグビーを始めたとき、知っていたチームは新日鐵釜石だけだった。ラグビーに興味のない中学生でも「松尾雄治さん、満員の国立競技場に大漁旗のことは知ってましたから。だから、初めて松倉のグラウンドに立ったときも『ここで最初のＶ７が始まったんだ！』と震えました」と言う。釜石は、タケにとってあこがれの地だったのだ。

押しかけトライアウトが始まった。練習では、初対面の選手ばかりの中でも大声でチームを盛り上げた。フィットネステストでは、シーウェイブスの若いフォワードと一緒に走り、上位に食い込んだ。一週間のトライアウトで、四十一歳という年齢からは想像できないフィジカル能力を、タケは証明してみせた。

なるべく早く連絡すると言われ、神戸に戻ったタケのもとに、トップリーグのあるチームからオファーが舞い込んだ。タケは感動した。四十一歳でクビになったオレをほしいと言ってくれるチームがあるんだ。

しかし、心は固まっていた。頭の中には、じっと海を見つめていたあの老婆の姿が刻まれている。深い悲しみを背負いながら、また立ち上がろうとする人たちに、元気になってもらうために、自分は現役の最後の炎を燃やすのだ。そう決めた日以来、タケの心は燃えて燃えて、燃えまくっている。

ちょうどそのあとだった、シーウェイブスの高橋善幸GMから「シーウェイブスで採用したい」との報せが届いた。タケは、誘ってくれたトップリーグチームの条件を聞くことなく、謝辞を添えて丁重に辞退を伝えた。

「大変ありがたいお話ですが、初心を貫いて、釜石でプレーしたいと思います」


新たな挑戦が始まる。しかし、夢とロマンだけでは生きていけない。昨年の公式戦出場わずか「一」の四十一歳は、果たしてどれだけ働けるのか。

「昨年も、春は八十分間フルで出た試合が何試合もあったんですが、シーズンに入ると出るチャンスがなくなってしまった。でも、自分はラグビーをするしかない人間だし、いつチャンスが来ても大丈夫なよう、モチベーションを高く保って、ずっと準備はしていました」

神戸で最後の試合は、トップリーグの二〇一一年度リーグ戦最終節のサントリー戦だった。勝てばプレーオフ出場の四位に滑り込みという試合にロックで先発した。第三列でプレーしてきたタケにとって、ロックでの公式戦先発は、社会人五年目の一九九八年、関西社会人リーグのＮＴＴ関西戦で一度あっただけ。日本代表でも経験のないポジションだ。

「やっぱりラグビーは前五人が支えているんだと実感しました。使う筋肉も違うし、脚の疲労度も全然違う。プロップがどれだけハードな仕事をしているか、改めて知りました。フランスでは、プロップが一番給料が高いという話を聞いたことがあるんです。確認はしてないけど、それも当然だろうなと思いました」

では、釜石でのポジションに何か希望はあるか。タケは即答した。

「そりゃもう、試合に使っていただけるならどこでも。ロックでもフランカーでもエイトでも、何でもやります。自分をアピールして、戦力として認めてもらうのが第一歩です」

六月二日、神戸との合同練習を終えた釜石シーウェイブスのホッダーＨＣにタケの印象を聞いた。

「パフォーマンスが常にアグレッシブ。コンタクトエリアでの激しいプレーは印象的だったし、練習の合間にも、自分から進んで選手の輪に入ってコミュニケーションをとっていた。シーウェイブスの若い選手たちにとって、彼の持っている経験値は素晴らしい財産になるし、チームのスタンダードを高めてくれると思う」

　六月三日には、岩手県内全域から集まった百人の小中高生を相手に、神戸製鋼コベルコスティーラーズと釜石シーウェイブス、両チームの選手による合同ラグビー教室が開かれた。ラグビー教室は午前で終わった。午前の予定を終えたタケが家に戻り、昼食をとろうと家族と近所の中華料理店に行くと、テレビのニュースで、ついさっき子どもたちに指導していた自分の姿が映っていた。

　娘の早那ちゃんが「あ、パパだ！」と叫ぶ。

　情報が早い。ここではラグビーが、シーウェイブスが、そこまで大切にされ、地域を繋いでいるのだと思うと、体が熱くなった。

「実は父親が福島県郡山市の出身なんです。体の中には、半分東北の血が流れてるんですよ。神戸には十八年いたけど、最後まで関西弁は覚えられなかった。関西人って、何を話すときも必ずオチをつけるけど、自分はずっとオチなし。オチは何かと待って周りが困ってることにも気付かないでいた（笑）」

　流行の最先端を行くおしゃれな町・神戸から、東北の田舎町への移住。しかしそんな変化も、タケにとってあまり意味を持たないようだ。

「神戸もグラウンドから六甲の山が見えてたし、町中にイノシシが出ますからね。ここ（松倉）は周りが見渡す限り山また山で、グラウンドにはシカの糞《ふん》がいっぱい落ちてる。シカがよく出るんでしょ？　シカにタックルして、大自然のパワーをもらって、行けるところまで行くだけ。燃えて燃えて燃えまくってます！」

二〇一二年夏。鉄と魚とラグビーの町に、不惑を超えた鉄人が、新たな物語を刻み始めようとしていた。

第三章　瓦礫《がれき》からの夢

「釜石でワールドカップできませんかね」

「え？」

石山次郎は目を丸くして聞き返した。

小さな声でつぶやいたのは、釜石シーウェイブスのゼネラルマネージャー（GM）を務める高橋善幸だった。

「もしかして、釜石でワールドカップをやれたらなあと思うんですよ。復興のシンボルになるんじゃないかと思う。被災地にも夢、希望がほしいし……」

新日鐵釜石V7時代の英雄の一人だった石山は、震災の後、中心になって支援組織「スクラム釜石」を立ち上げ、足しげく釜石へ通っていた。存続が危ぶまれた釜石シーウェイブスの運転資金が不足しそうだと聞いては、サポーター会員登録を広く呼び掛け、サポーター登録用紙と募金箱を持って、いろいろな団体の会合に出掛けていった。現役時代は無口で知られ、最低限の言葉しか発しなかった石山が、呼ばれればどこへでも出掛けていってマイクを握り、集まった募金を釜石へ届けた。

釜石、東北の復興のためには、何でもやろうと思っていた。

釜石には自分の青春のすべてがあった。お世話になった人がたくさんいた。何人もの恩人が亡くなった一方で、何人もの恩人や友人が生き延び、苦境の中でも必死で前を向いていた。

その日は、石山ら東京など各方面から駆けつけた釜石ラグビー部ＯＢたちが、高橋善幸ら釜石在住のＯＢたちと酒席を囲んでいた。

旧知の仲だ。隠し事も気取りもいらない。大変だったな。何かできることがあったら遠慮なく言ってくれよ。石山はそう言った。いや、特には……慎み深い東北の人たちは、簡単には要望を口にしない。大変なのは自分だけではないと知っているからだ。何度か、違う話題を挟んで、そんなやりとりを繰り返した後で、高橋善幸の口から「ワールドカップをできないかな」という言葉が出た。

そんな、釜石で、ワールドカップなんてできるだろうか？

石山は、唐突感を禁じ得なかった。まだ震災から二ヵ月しか経っていない頃だ。行方不明者の捜索はまだ半ば。犠牲者の数も分からない。仮設住宅さえ出来上がらず、避難所にたくさんの人がひしめいていた。石山は、釜石を訪れるたび、何年かのうちにはラグビーの試合を、できれば国際試合を釜石でできるようになったらいいなあと夢想することはあったが、それを二〇一九年のワールドカップという具体的なイベントに繋げるイメージは持っていなかった。

だが、それを、現実に釜石で暮らしている高橋善幸が口にしたことに、心を揺さぶられた。

「ただ、釜石はまだこういう状態ですから。そんなことは言い出せませんよね……」

石山は、高橋善幸が言外に込めたニュアンスを感じ取った。釜石シーウェイブスでGMを務める高橋善幸は、震災直後から、釜石ラグビーの顔として各方面と連絡を取り合い、釜石シーウェイブスのスポークスマンとして、岩手県内だけでなく国内外各地のメディアに情報を発信していた。震災から二ヵ月が経とうとする五月上旬には運転再開したばかりの東北新幹線で上京し、丸ビルホール&コンファレンススクエアで行われたスクラム釜石の設立会見とそれに続くチャリティートークショーに出演。翌日は秩父宮ラグビー場で行われたオール早慶明三大学による東日本大震災チャリティーマッチの前に行われたトークショーで、首都圏のラグビーファンに釜石とシーウェイブスの現状を伝えた。

高橋善幸は、自分がこれまで以上に発信力を持った存在になっていることを自覚した。それだけに、言動には細心の注意を払わなければと思った。

シーウェイブスのグラウンドがある松倉地区は内陸にあり、津波の被害を免れた。選手も関係者もほとんどは近接した社宅と独身寮に住んでいる。新日鐵の社屋そのものは、海からそう離れてはいなかったが、高台になっていた分、大きな被害は免れた。だからこそ、慎重に慎重を重ねなければならない。新日鐵の人たちやシーウェイブスの人たちは、自分たちが被害を受けていないから勝手なことを言っている……そう思われてはいけない。たとえ市民全体、被災地全体へのメッセージを込めた行動であっても、誤解は避けなければいけない。高橋の息子・聡太郎《そうたろう》は釜石高の二年生でラグビー部員だった。息子やその同級生たちに夢を与えてあげたいという思いはあったが、それを口にすれば公私混同になる。新日鐵釜石ラグビー部がクラブ化した二〇〇一年以降、監督として、GMとして、市民に支えられたクラブとしてのシーウェイブス運営に腐心してきた高橋善幸には、その思いが強かった。

無論、そんな思いのすべてを、言葉に出したわけではない。だが、石山も高橋善幸も、ともにスクラムを最前列で支えるプロップだ。雄弁ではなくとも、体を張って働く男だ。言葉に出さなくても、思いは通じた。

石山は何も問い返さずに「分かった」と言った。

東京に戻った石山が、スクラム釜石のミーティングのあとの酒席で、遠慮がちに「ワールドカップを釜石に誘致できないかと思うんだが……」と言い出すと、何人かのメンバーはそう言った。

「スタジアムなんか作れるわけないっしょ。まだ仮設住宅も建ってないのに、そんなこと考えられるわけがない」

「無理無理。とても無理」

東京で活動しているスクラム釜石のメンバーの中には、家族や親族が釜石で暮らしている者もいた。その家が津波で流され、まだ避難所に入っているというメンバーもいた。釜石に縁を持つ者の皮膚感覚は、東京で暮らしていてさえこうなのだ。まして、実際に被災地で暮らす人たちに「ワールドカップをやろうよ」なんて、言えるわけないか……。

そう思う一方で、石山は、ラグビーが被災地の復興に対して持てる力を感じていた。

震災から三ヵ月が経とうとする六月五日にヤマハ発動機が釜石を訪れた。深刻な被害を受けた沿岸の小都市では初めてのスポーツイベントに、千五百人が集まった。避難所から駆けつけた人も多かった。そこには国内外から多くの支援物資が届けられ、被災者たちに配られた。オレンジ色のキッチンカーで届けられた吉野家牛丼の甘いにおい、焼きたてのオージービーフをはさんだステーキサンドの芳醇な香り、フランスから届いた衣類の柔らかな肌触り、そして目の前で演じられたトップレベルの激しい肉弾戦、骨のきしむ、勇気と勇気がぶつかりあう攻防の迫力……そこには間違いなく、非日常の空間があった。

ワールドカップが開催されたら、もっとすごい試合が見られるだろう。釜石の人が見たことのないような、すごい戦いが演じられるだろう。それを見るために、世界中からたくさんの人がやってくるだろう。

八年先なら、復興もきっと進んでいるだろう。今の小学生が高校生から大学生になっている。支援してもらったお礼を、子どもたち自身の口から、世界に向けて発信できるだろう。

ワールドカップができたらいいな。

だけどやっぱり難しいのかな……。

悶々としていた石山のもとに、新たな情報が届けられた。七月二日、東京・秩父宮ラグビー場に隣接するTEPIAホールで開催された二〇一九年ワールドカップ日本大会に向けた「自治体連絡会議」の席で、ワールドカップを運営するラグビーワールドカップリミテッドのキット・マコーネル運営部長が、注目すべき発言を行ったのだ。

「ワールドカップの開催地はすべてが大きな都市の大きなスタジアムである必要はない。会場の設備やアクセス、ファシリティなどが開催基準を百パーセント満たしていなくても、ワールドカップの試合会場とすることに社会的な意義があれば、選ぶ可能性はある。

たとえば、地震の被災地だ」

会場でそれを聞いていたスクラム釜石のメンバーから、すぐにその情報が伝わった。瞬く間に、メンバーの間をメールが飛び交った。

「やってみよう」

スクラム釜石のメンバーたちと連絡を取り合った石山は、腹をくくった。

ちょうど、七月十三日に、釜石シーウェイブスの理事会が開かれることになっていた。石山は、新日鐵釜石のOBを中心に設立されたシーウェイブス支援組織「スクラム釜石」の代表として、シーウェイブスＲＦＣの理事に就任するため、理事会に出席することが決まっていた。その際に、釜石市側に面会を求めよう。ほどなくして、シーウェイブスの増田事務局長が市に交渉し、三十分の約束が取れた。

スクラム釜石のメンバーたちの間を再びメールが飛び交い、『２０１９年ワールドカップを釜石で』と題する開催要望書が作られた。スクラム釜石のメンバーたちは、それまでもミーティングを重ねては「無理かなあ」と言いながらも夢物語を語り合っていたから、作業は速かった。

スクラム釜石が作成したワールドカップ開催要望書には、次のようなことが書かれた。

テーマは「復興と感謝」。開会セレモニーでは、震災の時に世界から寄せられた支援への感謝として、被災当時小学生だった子どもたちが、おかげさまでここまで成長したとアピールする。

スタジアムは、建設時には地元の雇用創出に、建設後は競技場としてだけでなく、防災拠点として、また震災被害を語り継ぐメモリアルパークとしての機能を持たせ、災害に強い町のシンボルとする。

予想される建設費の資金難に対しては、完成後のスタジアムに指定席を用意する『ディベンチュア』などの手段を提案。あわせて、ワールドカップ開催後も、七人制ラグビーの国際大会を誘致するなどして、多くのチームがスタジアムを活用する機会を創出する……。

まだ、たたき台に過ぎない。それでも、小さな町がワールドカップを開くために、小さなスタジアムを作るためのアイデアは、次々とテーブルに出された。

そして七月十三日。平日の水曜日だったが、スクラム釜石から石山と高橋博行、三笠広介の三人が釜石入りし、釜石市に対し、ワールドカップ開催要望書を提出した。

釜石市の野田武則《たけのり》市長は、密かに心配していた石山が拍子抜けするほど、予想以上に前向きに聞いてくれた。

「現段階では、釜石市として開催するともしないとも、意思を表明することはできません」

石山らの訪問を受けた、釜石市の野田武則市長はそう答えた。

行政を預かる市長としては、何よりも復興が最優先の課題だった。石山らの訪問を受けたのは震災から四ヵ月が経過した二〇一一年七月だ。避難者の仮設住宅への入居が完了するのはまだ一ヵ月も先だった。市内の瓦礫撤去もまだ手を付けたばかり。瓦礫をどこでどう処理するのかも結論が出ないまま、とりあえず動かす作業を始めた時期だった。魚市場の岸壁に乗り上げ、防波堤に船首を突き刺して座礁していた四千七百二十四トンの巨大タンカー、アジアシンフォニー号も、そのままの姿で船腹をさらしていた。撤去されたのは津波から半年以上が過ぎた二〇一一年十月のことだった。

釜石に住む、いや、東北に住む誰もが、未曾有《みぞう》の天災だということを理解していた。東北人らしいといっていいのか、不平不満を声高に叫ぶ人は少なかった。それでも、市民の多くの間には、焦りと苛立ちが充満していた。

天災という言葉では片付けられない、東京電力福島原発の放射能漏れ。そこに至るまで老朽化した施設を改修・補強せずに使用、黙認していた官民癒着の杜撰《ずさん》な経営体質、上層部の責任逃れ。その被害によって故郷を追われた人たちへの思い。そこへ追い打ちをかけるように、東北全体が放射能に汚染されているかのような言説も流れた。陸前高田市の高田松原から流れた松の木を、京都の大文字火《だいもんじび》で焼かせてほしいという申し出があり、送ったところ、放射能が心配だから燃やすな、という反対運動が起きた。善意の人がいたゆえのこととは理解していても、誰もが否応なく苛立ちを募らせた。震災のあと、暴動や略奪が起きなかったことに世界のメディアは驚嘆し、日本人、東北人の勤勉さと規律正しさを称賛した。だが震災から時間が経っても復興が進まないことに、疲労とストレスは頂点に達しようとしていた。

そんな時期に、大規模な予算を必要とするインフラ投資の話など、市長の立場から持ち出せるわけもなかった。どれだけスタジアムを小規模に作ったとしても、災害公営住宅の何棟か、あるいは何十棟かに相当する費用はかかるだろう。今日住む家さえ失っている人に、そんな話を聞かせることはできない。

その一方で、野田市長は違うことも考えていた。

被災地に必要なのは、夢、希望、明るい話題なんじゃないか。あえて、明るい言葉を、明るい話題を口にすること、人々の話題にさせることも「復興」の一部なんじゃないか。そのために、ラグビーワールドカップというのは格好のツールになるのではないか……。

「我々から、やりたいとは言えません」

野田市長は、石山に対してそう返答しながら、違う言葉も付け加えた。

「我々からは動けないけれど、スクラム釜石さんや、釜石を支援してくださる方々が開催を呼び掛ける動きは、大いにやっていただいて結構です。やっぱり、ワールドカップを釜石でできたらいいなあ、という思いは私にもありますから」

二〇一一年十月二十六日、釜石市役所から「スクラムかまいし復興プラン（中間案）」と題された、釜石市復興まちづくり基本計画案が発表された。

この文書の中で、根幹をなす第2部「『復旧』から『復興』へ　Ⅰ．復興ビジョン」の中の第4項「復興まちづくりの基本目標」という部分に、「暮らしの安全と環境を重視したまちづくり」「絆と支えあいを大切にするまちづくり」「生活の安心が確保されたまちづくり」などの項目と並んで、最後の七番目に以下のような一項が加えられた。

《基本目標7：歴史、文化やスポーツを活かしたまちづくり
震災の記憶や教訓をきちんと次世代に伝承していくことは、市民の使命ともいえます。
鎮魂の想いと自然への畏敬の念を前提に、これまで取り組んできたラグビーやトライアスロンによるスポーツ振興や交流、橋野高炉跡の世界遺産登録など世界を意識した個性的な取り組みを展開し、釜石のまち全体を博物館に見立てる釜石フィールドミ

ュージアム（地域博物館）構想を推進します。

また、子ども達への教育の他、交流人口の増加による雇用の底上げにつなげながら、真の復興を実感できるまちの実現を目指します》

続く第5項「復興を具体化する主要施策の展開」では「7つの基本目標を具体化し、復興を支える12の取組を『12のスクラムプランの推進』（かまいし復興12Sプラン）として推進していきます」と述べ、「生命優先の減災まちづくりの推進（多重防御による津波対策の推進）」「住まいとコミュニティの再構築」「創造的エネルギー対策の推進」などに続き、最後の第十二項目にこんな一文が書かれた。

《スクラム12★将来の希望を創る個性的な取組の推進

震災から一日でも早く立ち直るため、復旧から復興に向かう時期には、将来に対する明るい展望や希望を持ち、取り組んでいくことが大切となります。

このためにも、これまで培ってきた地域の特性を生かし、橋野高炉跡の世界遺産登録に向けた活動や被災地での国際的なスポーツ大会の開催など、今後の当市の活性化に結び付く取組を全国的な支援のもとで具体化し、復興の状況を一層押し上げるとともに、その成果を国内外に広く情報発信するよう努めます》

さらに、より具体的に理念を示した「II．新たな光づくりへの挑戦」では「公共施設や生活インフラの再建」「スマートコミュニティなどエネルギーの多様化に向けた取組み」などに続き（こちらも最後に）「基本目標７：歴史文化やスポーツを活かしたまちづくり（１）複合的な施設の整備による交流の促進」という一文が書かれた。

《津波災害や郷土の歴史文化を伝えるとともに、スポーツ活動も行える複合的な施設を整備し、大規模なスポーツイベントについても誘致します》

「ラグビーワールドカップ」という言葉は明記していない。スタジアムを建設するという文言も避け「スポーツ活動も行える複合的な施設を整備」という表現にとどめている。確かな意志を感じさせながらも、細心の注意を払った表現だった。

それでも、「不謹慎だ」と言った市会議員がいた。

「そもそも無理だろ」という声もあった。

石山らとの面会の際に野田市長が危惧したとおり、拒絶反応を示す人もいた。

その一方で、市役所の中からも「復興には何年もかかるけど、復興した先に、何か目標になるものがないとダメでしょ」という声もあがった。

この時期、被災地の市役所には、日本全国から、中央省庁から、各都道府県や市町村から、自治体応援で派遣された職員がやってきていた。彼らの多くは、それまで東北とも釜石とも縁のない暮らしをしてきたが、復興支援の職員募集に自ら手をあげ、やってきていた。それだけに、地元に根を張った人々とは違う意味で、自らの任地に対して思い入れがあった。自分が担当した町には、魅力的な姿で再生してほしい。

その職務を担った一人が、震災後に財務省から派遣されてきた嶋田賢和《しまだよしかず》だった。それまで財務省主計局の係長という国家の中枢を担っていたエリートが、釜石市の総務企画部総合政策課に課長補佐として入り、復興プランの作成に尽力した。復興推進本部を経て、二〇一二年四月には二十九歳で副市長に抜てきされた。全国で最年少の副市長だった。

二〇一二年六月二日、土曜日。この日は、釜石でのラグビーワールドカップ開催に向けて、歯車が回り出す日となった。

この日は、神戸製鋼ラグビー部が、チーム総出で釜石を訪れた日だった。甚大な被害を受けた鵜住居地区の根浜海岸で、釜石シーウェイブスの選手たちとともに、打ち上げられ折り重なったままの木材の除去、堆積したままの汚泥除去などのボランティア作業に打ち込んだ日だった。震災から一年三ヵ月近くが過ぎても、根浜地区には手付かずのところが多く残っていた。人口の少なかった根浜地区には、限られた重機はなかなか回ってこないのだという。

　集まった神戸製鋼、釜石シーウェイブスの選手とスタッフ、民間ボランティアグループあわせて約百人の作業隊は、まず黙禱《もくとう》をした。続いて、ボランティアグループのリーダー、吉崎文浩さんが口を開く。

「ここは、津波を被ったままの場所です。可能性は低いけれど、ご遺体がまだ埋まっているかもしれない、皆さんはそういう場所で作業されるということを、どうかご理解下さい」

　上下長袖のトレーニングウェアに軍手、マスク姿で整列した選手たちの間に、厳粛な空気が流れた。

　神戸製鋼の選手、スタッフの中には、一九九五年一月の阪神・淡路大震災を経験している者もいた。竹之下登《たけのしたのぼる》部長は言った。

「阪神大震災の時は日本中の方々に助けていただいた。そのおかげで今の僕たちがあるわけですから、その恩返しをしたいんです」

　作業が始まると、両チームの選手たちは素晴らしいチームワークを発揮し、ものすごい勢いで作業を進めた。

急斜面に立ち入り、折り重なった重い木々を軽々と持ち上げる。不規則に伸び、曲がった枝があっても、複数の選手が幹を持ち、枝を支え、向きを変えようとすると逆側から的確なアドバイスの声が飛ぶ。人数が足りない作業場所を見つける観察力と判断力、危険を避けるため、注意を促すためのコーリング、予測を含めたコミュニケーションが素早く、効率的に行われる。斜面に折り重なった材木は次々に運ばれ、平地の駐車場跡に並べられた。

吉崎ボランティアリーダーは、少しあきれ気味に賞賛した。

「さすがラガーマンですね。リーダーシップも素晴らしいし、パワーはまるで人間重機。一般のボランティアなら三日かかる作業を、たった三時間で終わらせてしまいました」

中でも目立っていたのは、神戸から釜石に移籍したばかりの伊藤剛臣だった。両チームの選手の名を呼べる唯一の男は、絶え間なく選手の名を呼びながら作業をリードした。

作業を終えた選手たちに、海岸からほど近い旅館・宝来館《ほうらいかん》の岩崎昭子《あきこ》女将《おかみ》が温かいお汁粉を届ける。この日は薄雲が空を覆い、山背《やませ》と呼ばれるひんやりとした北東の風が、弱く吹いていた。季節を一ヵ月ほど巻き戻したような涼しさは、重労働に打ち込む選手たちにはむしろ幸いだったろう。汗が引き始めた体に、選手たちは熱いお汁粉を流し込んだ。神戸製鋼の選手たちと、シーウェイブスの選手たちが、バスに乗り込んで根浜を後にする。岩崎女将は富来旗を振って叫んでいた。

「ありがとうねー、またきてねー！」


神戸製鋼と釜石シーウェイブスの選手たちは、そこから松倉のグラウンドに移動し、合同練習を行った。普段はトップレベルの選手と体を当てる機会の多くないシーウェイブスの選手にとっては、レギュラーメンバーだけでなく全選手がトップ選手のコンタクトを体感できる貴重な機会となった。

「どんな形で来るのが一番いいか、ずっとタイミングを探していたんですよ」

ピッチを眺めるすり鉢状の斜面に置かれたベンチで、そう言ったのは神戸製鋼GMの平尾誠二だった。

「去年地震があって、本当はすぐにでも来たいと思った。だけど、すぐに行っても、実はできることってあまりないんですよね。それは、僕ら自身、阪神大震災を経験して学んだことだった」

神戸製鋼は、震災のあった二〇一一年は逆に、神戸でのイベントに釜石の関係者を招いていた。七月十八日の海の日に神戸製鋼灘浜《なだはま》グラウンドで行われたチャリティイベント『コベルコラグビーフェスティバル２０１１～Ｓｍｉｌｅ　Ａｇａｉｎ～神戸から笑顔を届けよう！』では釜石や気仙沼《けせんぬま》の物産が販売され、平尾誠二ＧＭと釜石Ｖ７のレジェンド、松尾雄治の公開トークショーが行われた。その席で松尾は、つい五日前に石山が釜石市の野田市長を訪ねて提案したばかりの「釜石でワールドカップを開催」という夢物語をぶち上げたのだ。

松尾「これはまだ夢みたいな話なんだけど、僕らが『スクラム釜石』という支援組織を立ち上げて、今呼びかけているのが、２０１９年Ｗ杯の試合を釜石に持ってこよう！という運動なんです。津波に襲われて、釜石の町は今メチャメチャで、見るに堪えない状態ですが、これから復興に向かっていくシンボルとして、ワールドカップの試合を開催したい。釜石や東北では津波で親や兄弟を亡くして、生きてることの意味も分からなくなってるような子がたくさんいる。そういう中高生たちが、頑張って前に進んでいった先で、世界中の人たちが釜石に来てくれて、一体感を持ってくれたらいいなあと思うんです」

平尾「釜石でワールドカップの試合があったら、僕も絶対に見に行きたいですよ。東北の支援について、今はいろんな人が『やらなきゃ』と言ってるけど、本当の支援はこれから十年二十年三十年続けていかないといけないこと。２０１９年のワールドカップで、釜石が中心になって、仙台なんかともプロジェクトを組んで、東北全体から『復興の狼煙《のろし》』をあげたらエエと思うなあ」

それからほぼ一年経って、平尾誠二は、神戸製鋼ラグビー部一同とともに、釜石を訪れた。神戸製鋼の選手とスタッフは、ボランティア作業に太い腕と脚と、分厚い胸板を差し出し、釜石シーウェイブスとの合同練習ではトップチームの頑健なコンタクトプレーを反復した。その様を、市内の各地から集まった釜石市民や岩手県内外から駆けつけたラグビーファンが固唾《かたず》をのんで見詰めた。

「大学四年のとき、ジャパンと新日鐵釜石の合同練習があったんです。すごい遠くへ来たなあと思った。釜石に来たのはその時以来ですよ」

神戸製鋼と釜石シーウェイブスの合同練習を眺めながら、平尾は遠い目をした。平尾が釜石を訪れたのは、そのときから二十八年ぶりということになる。

いや、平尾が思い出していたのは、もう少し近い過去の、もっと強烈に心に刻まれた記憶だったのかもしれない。

平尾はスケジュールの関係で、釜石に到着したのはこの日の昼だった。午前中の根浜でのボランティア作業には加われなかった。そのかわり、練習の行われる松倉グラウンドに入る前に、沿岸部までクルマで回ってもらい、被災地域の様子を見せてもらったという。

「釜石の様子はテレビでも見ていたけれど、去年と比べたら、廃材も一定のところに集積されだしていて、作業は進んでるんだなと思う。だけど、それでかえってね、建物がなくなったことが強調されてしまう気もする。

やっぱり、瓦礫の山を見ると心が痛いよね。僕らは、灘浜のグラウンドが瓦礫の山になっていた。廃材置き場になってましたからね。その光景を思い出します」

そこまで話すと、平尾は、自ら話題を変えた。

「まあ、明日はここで、ラグビースクールの子どもたちや高校生に集まってもらうんですよね。神戸の選手たちを、ふんだんに使っていただいて、楽しい時間にできたらエエですね」

その夜、釜石駅に隣接する大型イベントテント「シープラザ遊」で、『RWC2019釜石誘致応援フォーラム』が行われた。ステージには、平尾とともに、釜石シーウェイブスの桜庭吉彦チームディレクター、釜石市の市民団体「ＲＷＣを語る会」の佐々木重雄代表、そして副市長の嶋田賢和が登壇した。

「今回は、神戸製鋼さんと釜石シーウェイブスがタッグを組んで、被災地を元気にしようと企画されたプロジェクトで、今日の午前中は、市民なら三日かかる作業をたったの三時間で終わらせてしまったということで、心から御礼申し上げます」

嶋田副市長の謝辞に続いて、平尾がマイクを持った。

「神戸は、震災から十七年経って、ようやく復興をなしえたところです。釜石と神戸は、ラグビー、鉄、Ｖ７、そしてジャージーが赤いところまで共通点が多かったところに、今度は震災ということも共通になって、何でこんなところまで……と変な気持ちにもなりました」

そして話題は核心へ。ワールドカップの釜石開催は可能か？　というテーマに入っていく。

口火を切ったのは桜庭だった。

「ワールドカップは当然、試合が中心になるんだけれど、練習の日やオフの日には、地元の市民の方との交流の機会が必ずある。私が参加したワールドカップでも、学校を訪問したり、市民と交流したりして、地域と一緒に大会を盛り上げていくという気運がすごくあった。釜石という小さな町だからこそ、ワールドカップを招致して、それを成功させていく過程が、市民の力になると思います」

その発言を受けて、嶋田副市長が、釜石市の考えるワールドカップの青写真を明かした。

「釜石でのワールドカップ開催を議論するに当たって、ふたつの課題があるんです。ひとつは地域の盛り上がりです。行政の立場としては、まず公営住宅を最優先で整備していくという使命がある。あくまでも、それを整備した上で初めて、夢を語るというステップに行けるのではないか。

ふたつ目は会場の問題です。大きな会場を作っても、ワールドカップが終わった後で、維持費に困ることになる。実は先日、復興庁から、こぢんまりとしたラグビー場を作るための調査の予算をいただきました。国体をやって、ワールドカップをやって、その後も地域のスポーツに活用できるような、身の丈に合った、こぢんまりとした会場を作れないか、今検討しているところなんです」

嶋田副市長の率直な発言に、平尾はすぐに反応した。

「副市長がおっしゃったことはよく分かります。ワールドカップの開催というのは、極めてハードルが高い。大会全体の収支を考えると、どの会場も、少なくとも収容三万人くらいにしないと、トータル三百億という現在の予算は成立しないんです。ただ、日本独自の大会として、ここで開催する意義をきちんと訴えることができれば、すべての条件を満たさなくても事情は理解してもらえるんじゃないかと思うんです」

場内から拍手が沸き起こった。会場には、神戸製鋼や釜石シーウェイブスの選手も並んでいたが、それ以上に一般のラグビーファンを含む釜石市民が詰め掛け、議論の推移に耳を傾けていたのだ。嶋田副市長は、「今日の議論と、みなさんの雰囲気を見ていますと、やるしかないのかな、という気がしてきますね」と言い、場内は大きな笑いに包まれた。

平尾がさらにマイクを持った。

「釜石でワールドカップを開催するのは、不可能じゃない。だけど、もっと大切なのは、市民の支持です。オリンピックの開催地を選ぶときも、最終的に決め手になるのは、市民の支持だと言われています。ですから、ここにいらっしゃるみなさんが、グワ――っと大漁旗を振って、釜石のみなさんがワールドカップ開催に賛同してくれないと、このワールドカップも進まないんです。

スポーツイベントでは、よく経済効果という言葉が使われますよね。大手広告代理店さんが、何百億円だ、何千億円だという数字を出してきます。だけど、僕に言わせれば、それはたいした数字じゃない。人間の心に宿る効果、地域にもたらす勇気の方がはるかに大きい。釜石の人たちが、ワールドカップの試合を見ることで勇気づけられる。これこそが、ワールドカップを開く価値だと思うんです。

考えてみたら、日本でラグビーワールドカップをやること自体、夢みたいな話です。でも、それが叶ったんですよ」

平尾の口調に熱がこもった。平尾は、ラグビーワールドカップ２０１９組織委員会の理事に名を連ねている。特定の候補地に肩入れしすぎないように……そんなブレーキがかかっても不思議ではない立場だった。

だが、この日の平尾には、そんな躊躇は感じられなかった。おそらく、昼間に見た瓦礫の山が、記憶に刻まれた神戸の震災のときの光景と重なり合い、平尾の心の留め金を外したのだろう。

ラグビーとは、スポーツとは、人を勇気づける力を持つものなのだ。

「釜石でワールドカップをやるのはこんなにリスクがある。それは、そう考えればそうなるでしょう。だけど、そればかり考えていたら楽しくない。そもそも、そっちに考え出したら、日本で開催すること自体リスクが高いんです。それよりも、夢を持っていかないと。

ラグビーは、釜石に文化として定着しているものだと思うんです。その夢を共有して、これから七年間、楽しみを持ち続けることができたら、イイじゃないですか。七年間が幸せになる。そう考えた方がいいと思うんです」

また、会場から大きな拍手が沸き上がった。鳴り止まなかった。平尾を中心に、桜庭が、嶋田が、佐々木が、ガッチリと手を重ねた。

釜石でワールドカップをやろうよ。

きっとできるよ。

これからの七年間が楽しくなるよ。

夢物語が、市民に向けて、全国に向けて、明確に発信された瞬間だった。

第四章　鵜住居《うのすまい》

「女将さん、知ってる？　二〇一九年には日本でラグビーのワールドカップがあるんだよ」

釜石市鵜住居地区、根浜海岸で旅館・宝来館を経営する岩﨑昭子は、その言葉を聞いて、背中に電気が走った気がした。

「女将さん、ここの景色はニュージーランドやオーストラリアのラグビー場に似ているよ。向こうじゃ、ヨットがいっぱい泊まっているような港があって、その近くにスタジアムがあったりするんだよ。だから、二〇一九年には釜石でもワールドカップをやれたらいいよね。やりたいよね」

そう話したのは、盛岡市出身で、盛岡工高のキャプテンとして全国高校大会優勝、明治大のキャプテンとして大学選手権と日本選手権に優勝を飾り、日本代表としても活躍した名フォワード、笹田学だった。

「その言葉を聞いた瞬間、目の前の景色に色がパーッと戻ったんです。それまでは、何もかもが灰色にしか見えなかった」

以前の根浜は、岩手県で最も賑やかな海岸リゾートだった。北上山地から流れ出る鵜住居川で運ばれた砂が長い砂州を作り、夏にはハマナスの花が咲き誇った。遠浅の広い砂浜にはカラフルなパラソルが並び、水着姿の海水浴客が泳ぎ、甲羅干しをし、砂遊び、ビーチボール遊び、スイカ割りに嬌声をあげていた。毎年九月には釜石はまゆりトライアスロン国際大会が行われ、世界中からやってきた選手たちが水しぶきをあげて湾内を泳ぎ、銀輪を輝かせて自転車をこぎ、水をしたたらせてゴールへとひた走った。オリンピックを目指すトップ選手も、完走を目指すホビーアスリートも、砂浜では実をつけ始めたハマナスに、岩場ではたくましく咲くハマユリに見守られて、自分の限界と戦い、ゴール後は誰もがレース中の垣根を超えて互いをねぎらった。女将の人生は、それらとともにあった。そこには、美しい三陸の海とともに「青春」や「友情」や「感動」という言葉が本当に存在した。

だがそんな光景は、三月十一日以後、すべて記憶の彼方に消え去っていた。厚く堆積した土砂とともに、地面が見えないほど折り重なった松林の残骸の下に、埋もれていた。

それが、笹田の「ニュージーランドやオーストラリアはこんな感じだよ」の言葉で、突然に色彩を取り戻した。

二〇一一年五月三日。ちょうど、根浜海岸で、折り重なってすべてを押さえ込んでいた松林の瓦礫撤去が始まった日のことだった。


「三月十一日の午後は、お泊まりのお客さんはまだチェックインされていなくて、ふたつ会食が入っていました。一件はお隣の方のご法事の会食で、もう一件は当館の板長の息子さんの結婚式でした」

二時四十六分、長く激しい揺れが宝来館を襲った。身の安全をはかりながら、女将は、揺れが続いている間に「今日は山へ逃げる日だ」と確信していた。宝来館は一九九五年十二月に、大きな津波にも耐えられるように改築していた。三陸で、海岸で生活するなら、ましてやお客さまを迎えるのなら、津波への備えは、いろはの「い」だ。そこそこ大きな津波が来ても、三階と四階に逃げれば大丈夫なように建物は頑丈に作られていた。だけど、この揺れはそれを超えている。そう女将は理解した。過去、三陸の地は何度も大きな津波に襲われてきた。

「でも歴史上、ここは、地震があってから津波がくるまで、どんなに短くても二十分はあるんです」

会食していた人たちも食事を切り上げ、すぐにそれぞれの避難に取り掛かった。観光地である根浜では毎年、地震と津波を想定して、海で泳いでいる海水浴客を誘導して、高台まで走って避難させる訓練をしていた。訓練では、最速で七分で山までの避難を終えた。地震は天災だが、津波は、正しく対処すれば絶対に逃げられるというプライドがあった。実際は、すべてが思い通りに運ぶわけではなく、転んだ人、体の不自由な人を助けようとしたり、忘れ物を取りに行こうとする人が出たりする。女将も、いったん裏山へ逃げながらも逃げ遅れた人を助けようと引き返して波に呑まれ、崖の木にしがみつき、紙一重のところで命をつないだという。

その夜から、浸水を免れた宝来館の三階と四階が臨時の避難所となった。壁と屋根と寝具があるのは幸せだったが、備蓄していた食料も水もすぐに尽きた。根浜地区で残っていた建物は宝来館だけだった。そこに百二十人が身を寄せた。

孤立した集落を次々と訪れ、ヘリコプターで被災者を救出していた自衛隊の活動は、岬をはさんで東隣の箱崎の集落までやってきたが、明日は根浜だというときに、北隣の大槌町で大規模な山火事が発生した。宝来館は孤立した。市内の公民館や学校に開設された避難所には、少しずつ全国からの支援物資が届き始めたが、民家には配られない。宝来館も民家だった。孤立した民家だった。

女将は、食料を調達するために、釜石の町を目指した。折り重なった瓦礫の間から辛うじて顔を出していた防潮堤《ぼうちょうてい》の上を、平均台の上を進むようにゆっくりと歩いた。周りの瓦礫は視界に入らなかった。見ないようにしていたのかもしれない。見たくないものが目に入るのを無意識で避けていたのだ。瓦礫を乗り越えて国道に出て、通り掛かったクルマに乗せてもらい、やっとの思いで釜石の町に出た。巨大なタンカーが打ち上げられた港を横目に、瓦礫だらけの中心街を過ぎ、甲子川《かっし》をわたり、釜石駅を過ぎると、津波の傷跡は忽然と消えた。まだ電気も水道も通っていなかったが、根浜から来た目には、賑やかな、以前と変わらない街並みにしか見えなかった。

女将は、フッと意識が飛んでいきそうな感覚を覚えた。

ここはどこ？　私は違う星にやってきたの？

何とか気力を振り絞り、女将は、スーパーの棚に並び始めた食料や水を、自分でお金を出して買った。役場や振興局の人たちに被災者であることを申し出れば、何かの支援を受けられたかもしれないが、なぜだかそれを言い出せなかった。

宝来館の避難所は、震災から二週間が経過した三月二十六日で閉鎖した。鵜住居の市街地と往来する道路に大規模な陥没が発生した。孤立した根浜に大勢の人がいることは、二次災害の原因になりかねない。女将は鵜住居の、津波を免れた、山に分け入った避難所に身を寄せた。

それから一ヵ月余りが過ぎた五月三日、松の残骸の撤去が始まった日に、笹田学と一緒に宝来館を訪ねてきたのが、釜石シーウェイブス事務局長、のちに釜石市のラグビーワールドカップ準備室（開催決定後はラグビーワールドカップ推進室）室長補佐としてワールドカップ招致に尽力する増田久士だった。東京大学文学部でフランス文学を専攻、東大ラグビー部のＯＢで、関東ラグビーフットボール協会の事務局で働いていた増田は、幅広い人脈を持っていた。震災前から、遠征や合宿に来るチームの宿泊を宝来館に斡旋したり、日程を調整したりの交流があった。

「女将さん、ここの景色はニュージーランドやオーストラリアに似てるよ。ここでワールドカップやれたらいいよね」

笹田の言葉に増田もうなずいた。

女将の脳裏に、世界中からたくさんの人が釜石にやってくる絵が浮かんだ。海には日差しが煌《きら》めき、再建されたマリーナにはたくさんのヨットが停泊している。横付けされた客船から下りた、さまざまなラグビージャージーに身を包んだ人たちが、各国の応援歌を大声で歌いながらスタジアムへと歩いて行く……この二ヵ月、モノクロームに眠っていた目の前の風景に、鮮やかな色彩がよみがえった。

「そんなに似てるんだったらぁ、釜石でワールドカップやってけれ」

女将は半泣きになって、笹田と増田に取りすがった。

「できるよ」

増田は、自然に、明るい声で女将に言った。

「ワールドカップ、やりましょうよ」

それからひと月ほど経った頃だった。また宝来館を訪ねてきた増田は「今度、東京から青山学院中等部のラグビー部が来るから、泊まらせてあげてよ」と言った。

「そんなこと言ったって、まだ水道も通ってないし、津波のあとの泥もかき出せてないんだよ」

宝来館は、津波で壊れた壁や玄関にブルーシートを張ったままだった。女将は、宝来館を再建するかどうかも決めかねていた。

被災地は、津波から最初の夏を迎えようとしていた。津波を被った土地には塩分のしみついた土砂がうずたかく積もり、強烈な臭気を放っていた。海岸のそこかしこでハエが大量に発生した。見たこともないような大型のハエが、巨大な羽音をうならせて、人間を威嚇するように飛んでいく。気温はじわじわと上がっていく。虫は湧く。

水はこない。心が折れそうになる……誰もがそんな毎日を過ごしていた頃だ。

なのに、増田は、あっけらかんとした口調で言うのだった。

「大丈夫だよ」

増田のこの明るさは何なんだろう、と思いながら、女将は自分の中に力が湧いてくるのを感じた。

七月下旬、被災地が最初の夏を迎える頃、青山学院中等部の子どもたちが宝来館にやってきた。宝来館は、相変わらずブルーシートで囲われたままだったが、青山学院の父兄からは「今の日本の姿を見せることこそが教育ですよ」と言われた。青山学院の子どもたちは宝来館に泊まり、ボランティア作業を手伝い、釜石の子どもたちとラグビーの合同練習や試合で交流を持ち、笑顔で帰って行った。

手を振って帰って行く子どもたちを見送りながら、女将は「大丈夫だよ」と言った増田の言葉を反芻していた。

そうだね、大丈夫なんだね……。

青山学院中等部の子どもたちが釜石にやってくる際、増田とともに受け入れの事前準備や案内に奔走したのが、釜石シーウェイブスＲＦＣ（ラグビーフットボールクラブ）の事務局次長を務める浜登寿雄《はまととしお》だった。浜登もまた、女将に「大丈夫ですよ」「ワールドカップやりましょうよ」と、あくまでもポジティブな言葉をかけた。

浜登は、震災の後、重い時間を過ごした一人だった。

釜石から北へ向かった山田町生まれの浜登は、中学時代は陸上部の長距離ランナーだったが、大槌町を挟んで南隣にある釜石に、新日鐵釜石ラグビー部という日本一のチームがあることを誇りに思っていた。一月十五日に日本選手権で勝って、帰ってきて釜石の町をパレードする華やかな光景は年中行事だった。釜石南高（現・釜石高）に進んでラグビー部に入った年に、ちょうどＶ７が達成された。釜石南高は、新日鐵釜石ラグビー部が練習する釜石市陸上競技場（通称・松倉グラウンド）のすぐ横にある。隣で練習している選手たちが、七年連続で日本一に輝いたチームであることは、本当に誇らしかった。

浜登は長じて、兄が院長を務める「はまと神経内科クリニック」の事務長となり、新日鐵釜石からクラブ化した釜石シーウェイブスの事務局入りした。シーウェイブスの試合では、スタッフとして裏方を支えた。試合があればどんなに遠くへでも駆けつけ、富来旗を振り、勝って喜び、負けては慰め合って次の勝利を祈る、そんな粘り強いサポーターたちとともに歳月を重ねてきた。

津波で、浜登は、両親と妻と、三人姉妹の末娘を失った。末娘はまだ一歳半だった。

どれだけの悲しみに襲われただろう。それでも二人の娘は生き残った。この子たちとしっかり生きていかなければ……その気持ちで毎日を過ごしていた浜登は、ある日、松倉グラウンドに隣接するウエイトルームに移設されたシーウェイブスの仮設事務局で、増田に「こんな話があるんだけどさ」と言われた。

「二〇一九年のラグビーワールドカップを、釜石でやろうよ、って話なんだ」

「ホントですか」

「うん、できるかもしれない。復興予算で高速道路もできることになったし、チャンスかもしれないんだ」

よっしゃあ！

浜登は心の中で叫んだ。顔が紅潮していくのが自分でも分かった。

それまでの数ヵ月間は、真っ暗闇の中でもがいていたような毎日だった。そこに、一筋の希望の光が見えた気がした。

「釜石でワールドカップをやろうというのはいいよ。みんな嬉しいだろうさ。だけど、どこでやるのよ。スタジアムなんてないんだよ」

いったい、何人の人からそんな言葉を聞いただろう。釜石には、ワールドカップを開けるようなスタジアムはない。スタジアムを作らなければ、ワールドカップは開けない。

震災と津波で壊滅的な打撃を受けた釜石でワールドカップをやることに価値がある、という理念はわかる。だけど、どこに、どんなスタジアムを、誰のカネで作るというんだ？

少なくない人が抱いていた疑問だった。

「それは、あまり迷わなかったな」

増田久士は振り返った。増田は釜石シーウェイブス事務局長から、釜石市役所ラグビーワールドカップ推進室へと移りながら、一貫してワールドカップ招致に尽力してきた。

「つうか、他に使える場所はなかったんだ」

二〇一一年十二月、釜石市が復興計画という公式文書に「複合的な施設の整備」という文言を入れた時点で、当然ながら、「どこにその施設を作るんだ？」ということは議題に上がっていた。当時は釜石シーウェイブス事務局長だった増田も、外部スタッフながらその議論には参加していた。

増田が言う「迷わなかった」というスタジアム建設候補地は、鵜住居地区にある釜石東中学校と鵜住居小学校の跡地だった。両校は津波に三階まで呑まれ、全壊した。

両校は、津波のときに、全国へ、いや世界へ紹介されたほど、迅速な避難を実現した学校だった。中学生が小学生の手を引いて、駆け足で高台へと避難した。避難の予定場所に到着しても、そこはまだ危険だと子ども達が自主的に判断し、さらに高台へと逃げた。避難する途中では、途中でたたずんでいるお年寄りにも「もっと上さ逃げっぺし」と手をひいた。避難した六百人の生徒全員が、津波の被害を免れた。

東日本大震災による津波で、釜石市の約四万人の人口のうち、死者と行方不明者はあわせて千二百名近くに及んだ。うち、鵜住居地区は約六百人、釜石市の被害の半数以上を占めた。うち二百人以上が、市内の防災センターに避難して、犠牲になったという。鵜住居は、陸前高田市、南三陸町志津川、石巻市と並び、東日本大震災の津波で壊滅的な被害を受けたシンボル的な土地だった。

それだけに、釜石東中と鵜住居小の生徒たちが自分たちの判断で高台へ逃げ、避難訓練で逃げていたところよりも高いところへとっさの判断で逃げ、全員が助かったという事実は、貴重な明るいエピソードとなった。

その場所になら、復興のシンボルとなるスタジアムを作っていいのではないか？

この場所がスタジアム候補地としてふさわしいとされた理由はもうひとつあった。それは、ここが釜石市立小中学校の敷地、つまり市の所有する土地だったことだ。

もうひとつの候補地として、ワールドカップ誘致を推進するグループの何人かから上がったのは「中番庫《なかばんこ》」と呼ばれる、釜石の中心街に近い場所だった。そこは釜石港に隣接し「ヤード」と呼ばれる、新日鐵の石炭や鉄鉱石などの置き場として使われていた場所だ。高炉の稼働停止に伴い、遊休地となっていた。広さは約十三万平方メートルという広大な土地だ。海に近い分、居住用には使えないが、大町商店街にも面していて、交通の便は最高だ。平地の少ない釜石市の中心部で、これほど大規模で平坦な空き地は他に考えられない。

だがその土地は新日鐵の管理する土地だった。たとえ新日鐵が釜石で開催するワールドカップに賛成してくれたとしても、土地を無償で使わせてもらうのを前提とするのは無理があった。釜石市は新日鐵の企業城下町と見られがちで、それは決して間違いではないが、古くは公害問題や労働争議、近くは事業所縮小の問題など、一筋縄ではいかない歴史もある。市と新日鐵は、決してツーカーな関係ではなかった。

その土地を使わせてもらうことに労力を使うくらいだったら、市の裁量で自由に決められる小中学校跡地を活用するのが良いのではないか。ここは、小学校と中学校が隣接していたので、六万七千平方メートルという広大な土地が使途未定で残っていたのだ。しかも、全国に、世界にメッセージを発信できる土地だ。釜石市の中心街からは約九キロ離れているが、整備が進む三陸縦貫自動車道のインターチェンジも近く、交通アクセスはさほど悪くない。

しかし、逆に見れば、どれだけ良い要素を書き連ねたとしても、鵜住居地区が、釜石市で最も多くの犠牲者を出した土地だという悲しい事実は消えない。

「鵜住居地区の人たちが、ラグビーワールドカップの招致や、スタジアム建設に反対していたというわけではないと思うんです」

そう言うのは浜登だ。津波で流された、浜登が勤務する「はまと神経内科クリニック」は、二〇一一年十月十七日に、鵜住居地区医療センターで診療を再開し、事務長を務める浜登も、市民と日常的に触れ合っていた。

「反対の人が多かったわけじゃないですね。どっちかというと、知らない。何も知らない（笑）」

浜登は、来院した地域の人たちに、自分が取り組んでいるワールドカップ招致活動について話すようにした。

世界のラグビーのトップの大会が、二〇一九年に日本で開かれるんですよ。釜石でも試合をやれたら楽しいよね。別に大きなスタジアムじゃなくてもいいのよ。スタンドは仮設でも問題ない。そしたら世界中から人が来るよ。子どもたちには夢ができるよね。二〇一九年には何年生になってるかな？　英語を勉強して、選手や観光客の人たちに、震災のときのこと、いっぱい話せたらいいよね。じいちゃんばあちゃんの話を通訳してくれたらいいよね。

話をしていくと、みんな『いいことだね』と言うのだった。だけど、それをこちらから伝えなければ、その良さも届かない。

日本ラグビー協会や、ラグビーワールドカップ２０１９組織委員会は、開催都市決定までは中立の立場として、地域に応じたワールドカップ開催の魅力、メリットなどは発信しないスタンスだった。

誰かが、鵜住居に腰を据えて、ワールドカップの良さを発信し続ける必要があるな……。

浜登と話しあいながら、そう考えていた増田に、ひとりの顔が浮かんだ。

「あの子にやらせてみようか……」


釜石市で生まれ育った遠藤ゆりえは、二〇一一年三月十一日は、留学先のニュージーランド、オークランド市にいた。現地の友だちに、「日本で地震があったようだよ、サンリクの方に津波が来たみたいだよ。ユリエのホームタウンは大丈夫？」と聞かれたときは「いつものことだから。年に何回かあるんだよ」と答えた。その二週間ほど前、ニュージーランドのクライストチャーチで大規模な地震があった。今はそっちを心配するときだよ、という思いがあった。

だが、その友人は、真顔で言った。

「いや、そんな感じじゃないみたいだよ」

そうなのか……胸騒ぎを覚えながら、ゆりえはオークランドで借りていたアパートに帰って、テレビをつけた。その瞬間、ＢＢＣワールドニュースの映像が、釜石市の様子を映し出していた。真っ黒い水の塊が、釜石湾に面して建つ陸中海岸グランドホテルの二階に襲いかかっていた。

ゆりえは、その場にへなへなと崩れ落ちた。腰が抜けたのだ。立ち上がれない。そのまま体がガタガタと震えだした。

ゆりえの実家は釜石市の中心街、大町にあった。標高はほとんどない。グランドホテルの二階が直撃されているのなら、実家も二階までやられている。避難していなかったら、間違いなく波に呑まれているはずだ。家族全員死んでしまったんじゃないだろうか……不吉な想像ばかりがアタマをよぎった。無駄だと分かっていても、国際電話をかけた。しかし母の携帯電話も父の携帯電話も通じなかった。

情報を手に入れなくちゃ。ゆりえは、何とか立ち上がると、インターネットカフェに出掛け、手当たり次第に情報を探した。家族や親戚、友人、知人の安否情報を探ったが、何も出てこない。見つかるのは無慈悲なまでの映像ばかり。南三陸、石巻……釜石生まれのゆりえにはなじみの薄い宮城県の町からも、悲惨な映像がアップされていた。

「ホントに『日本沈没』じゃないの……」

目が覚めれば、インターネットにかじりついた。グーグルが開設したパーソンファインダーに、手当たり次第に家族や友人の名前を入れて、何か情報が更新されていないか探した。何度同じことを繰り返しても、その作業を終えることはできなかった。

その繰り返しが四日目に入った頃だ。母親の会社の人が、生存確認できた人の名前と住所を書き込んでいて、そこに母親の名前を発見した。

「生きてたぁ……」

ゆりえは声を出して、四日前とは違う意味で、その場にへたり込んだ。

だが、見つかったのは良い情報ばかりではなかった。死亡が確認された人名のリストに、仲の良かった友だちの名前を見つけてしまったときは、おそろしいまでの喪失感に包まれた。これが津波なのか。

それから、自分は何をしたらいいだろう、何ができるだろう、と考えた。そう思い始めた矢先、母親から国際電話がかかってきた。

大丈夫？　そう呼び掛けるのを遮るように、母はゆりえに言った。

「こっちは大丈夫。心配ないから。今は病院の避難所で、段ボールを敷いて寝てるの。あんたが帰ってきても寝るところもないからね。ボランティアに来る人に食べてもらうものもないんだから。帰ってこないで、そっちで勉強してなさい」

娘に心配させまいと、無理しているんだろう。父と祖母は、別の寺の避難所にいるという。家族が同じ避難所に入ることさえままならないのか。そんなところへ自分がのこのこ帰って行っても、確かに役には立てないだろう。

ゆりえは法政大を卒業後、最初は二年ほど東京で仕事をしていたが、「田舎暮らし、地域づくりにあこがれて」釜石に戻り、釜石・大槌地域産業育成センターの求人に応募して採用され、地場産業の育成をサポートする仕事をしていた。外国旅行好きなゆりえは、釜石で働くうちに、釜石シーウェイブスの外国人選手の家族と交流するようになった。特にピタ・アラティニの奥さんのミーガンとは姉妹のように仲良くなった。そんな縁も手伝って、二十六歳になった二〇一〇年秋、ニュージーランドへ留学した。考えたのは、カマイシを海外に売り込むことだ。岩手県沿岸部には、海産物だけでなく、技術を持った職人がたくさんいる。海外に持って行ったら売れそうなものも少なくない。だけど、ジェトロ（日本貿易振興機構）の事務所は盛岡にしかなく、やりとりも手間がかかる。だったら、カマイシを拠点に地場産品を直接海外に売り出すルートを自分で開設できないだろうか……そんな野望も抱いての留学だった。

しかし、震災はゆりえの考えを変えた。

震災から半年、ニュージーランドでワールドカップが始まった。日本チームの歓迎セレモニーも見た。日本は地震のあった国から来たということもあり、他の国とは全然違う雰囲気で歓迎を受けていた。日本の試合はタイミングが合わず観戦できなかったが、オールブラックスとフランスの試合を観戦した。ワールドカップはすごいなあと思ったが、そのときは、八年後のワールドカップが日本で開催されることなどまったく意識していなかった。

ワールドカップを見たからというわけではないが、ゆりえはニュージーランド生活に区切りをつけた。母からは「帰ってくるな」と言われたが、ゆりえは釜石に帰った。

震災から半年以上が過ぎていても、復興は進んでいなかった。釜石にはたくさんの外国人ボランティアがやってきていた。ゆりえは、外国人ボランティアの受け入れをサポートするNPOを立ち上げ、釜石と世界を繋ぐ、という意味の英語「カマイシ・リンク・トゥ・ザ・ワールド」を略して「かまいしリンク」と名付けた。

業務は、外国人ボランティアの通訳や案内、視察のコーディネートなど。ロータリークラブを通じて外国からボランティアや、被災地視察のグループが釜石を訪ねる度に、被災地を案内して回った。そんな仕事を重ねながら、ゆりえは、カフェのような交流の場を作れたらいいなと考えるようになった。

ニュージーランドから帰国して、NPO法人かまいしリンクとして活動を始めて間もないころだった。ゆりえは、釜石で開かれた『ラグビーワールドカップを語る会』に参加した。ニュージーランドでラグビーワールドカップを見てから帰国したゆりえにとって、釜石がワールドカップの招致を目指していることは、新鮮で親近感を覚えるトピックだった。しかもゆりえは、アラティニのミーガン夫人ら、シーウェイブスの女性陣と親交があった。そのころから面識のあった桜庭に挨拶して話をしていたところ、桜庭から増田を紹介された。

ゆりえはそもそも、ラグビーに関心のある方ではなかった。生まれたのは新日鐵釜石がV7を達成した一九八四年。物心つく頃にはV7は過去のものとなっていた。

「釜石の人って、強いときは応援するけど、弱くなるとソッポ向いちゃうんですよね。私が中学や高校に通っていた頃は、若い子も年配の人も、町中でラグビーが好きってほどじゃなかったですね。

そのころ、サッカーではJリーグができて、スポーツは地元の人と一緒に盛り上げるっていうコンセプトがありましたよね。シーウェイブスになってからは少し、市民とのコミュニケーションを取るようになったな、と感じるようになったけど、新日鐵の時代は釜石のラグビーも、そういうのはなかったし」

V7のあとの釜石で育ったゆりえに、釜石＝ラグビーというイメージはなかった。

だが、そんな考えが変わったのは大学進学のため、東京に出てからだ。

「出身は？」

「岩手県の釜石っていうところ」

そう答えると、十人中十人から、同じ答えが返ってきた。

「へえ、ラグビーで有名な町だよね」

ゆりえにとって、それは新鮮な驚きだった。V7は、自分が生まれた年の出来事だ。年上の人たちが言うのは分かる。だが、自分と同世代や、年下の人まで「釜石といえばラグビー」と、セットで記憶しているというのだ。

同じような思いは、留学したニュージーランドでも味わった。日本からの留学生同士で話をする機会があれば、自然に「日本のどこから来たの？」と聞かれ、「釜石」と答えると、

「おお！　ラグビーの町やん」

と答えられることが多かったのだ（「ラグビーで留学している人は、なぜだか関西の人が多かったんですよ」とゆりえは言う）。

自分の郷里は、外から見ると、中から見ていたのとは違う顔を持っていた。それを肌で感じてきたゆりえは、釜石が復興するために、ラグビーというツールを活用しない手はないと思っていた。

ちょうどそんなときだった。増田から「ラグビーカフェをやらないか」と聞かれ

た。ゆりえは迷わず「いいですね」と答えていた。

増田はゆりえに「ワールドカップを話題にする場所を作りたいんだよね」と言った。

「シーウェイブスが、新日鐵が、行政がじゃなく、地元で市民が、盛り上がる場所があったらいいと思うんだ」

二〇一三年の春だった。ちょうどそのころ、釜石市にたまたまプレハブの建物が寄付され、運用方法を任された復興まちづくり協議会が、鵜住居地区に設置することを決めたのだ。

プレハブを設置することは決まった。だが中をどう使うかは決まっていない。そんな情報を得た増田が、ゆりえに話を振ったのだ。

シーウェイブスとスクラム釜石をサポートしている旅行会社「トップナッチツーリスト」の支援を受け、二〇一三年十月、「ラグビーカフェ・クレスト鵜住居」がオープンした。通称「ラグカフェ」。店内はほんの六畳分あるかどうか。小さなテーブルが置かれただけのカフェには歴代の釜石ラグビーのジャージーや、あるOBが秘蔵していた日本選手権V7試合で実際に使用していたボールも贈呈され、飾られた。店の前には、なぜかオールブラックスとフランスをモチーフにした等身大のラグビー選手のボードが飾られた。

カフェの効果は絶大だった。

正式なオープンを三週間後に控えた二〇一三年十月五日、新装なった釜石市球技場で、トップリーグの下部リーグ、トップイーストの公式戦、日野自動車戦が行われた。この試合にあわせて、元首相でもある日本ラグビー協会の森喜朗会長が釜石を訪問した。東京から日帰りで訪れた森会長は試合を視察し、グラウンドに近い釜石高校で講演を行い、鵜住居のスタジアム建設予定地を視察すると、程近いところにある、まだ開店前のラグカフェを訪れた。当初は、新幹線の時間もあることから、車窓から「こんなところもあるんですよ」と案内されるだけのはずだった。しかし森会長は、それでよしとはしなかった。「じゃあ、ちょっと降りよう」と言って自らバンのドアを開けて出ると、「こんなところがあるのか……」と、出迎えたゆりえたちに気さくに声をかけた。

以後、「ラグカフェ」は、ワールドカップ釜石開催に関心を持ち、釜石を訪れる人が必ず立ち寄る前線基地となっていく。

「何しろ、視察しようにもスタジアムがないからね。みんな、ラグカフェに行くしかなかったんだよね」と増田は苦笑する。与野党を問わず訪れた国会議員たち、外国の議員から、一九九五年ワールドカップで優勝した南アフリカ代表で唯一の有色人種代表として、映画『インビクタス／負けざる者たち』でも重要な登場人物となったチェスター・ウィリアムズ、国連アフリカMDGs（ミレニアム開発目標）のイボンヌ・チャカチャカ特別大使など、国際社会で発信力・影響力のあるビッグネームが次々と釜石を訪れ、申し合わせたようにラグカフェを訪れた。いろいろな人がやってくるラグカフェは、被災地に新しい風を運んだ。

もっとも、ラグカフェは、歓迎されただけではなかった。ラグカフェは、たくさんの人が犠牲になった鵜住居防災センターの隣に開店した。震災から二年以上が過ぎても、そこにはたくさんの人が、絶えることなく花を持って訪れた。刻まれた悲しみを癒せないまま時間を過ごしている人々にとって、突然現れた、妙に外国人がよく来て、仮装パーティみたいなことをやってるカフェには、違和感もあっただろう。

実は、もともとの計画では、ラグカフェの開店よりも前に、防災センターは撤去される予定だった。それが、いつのまにかのびのびとなり、ほぼ一年の間、両者は併存してしまった。

「やりにくかったと思うよ。何か賑やかなイベントをやったら『不謹慎だ！』とか言われるし。並みの神経じゃやってられなかったと思うな」と増田は言う。

「だけど、ゆりえちゃんが鵜住居でラグカフェをやってくれたことで、やっぱり地元の人とのつながりができたと思うんだ」

開店からしばらく過ぎた頃、ラグカフェの常連になった人に、通称「ビーズおばさん」がいた。

はじめは、ふらりとやってきた。

「ここ、何してんの？　ビーズやりたいんだけど、ここでやっていい？」

そう言うと、そのマダムは、座って、コーヒーを一杯頼むと、黙々とビーズを編み始めた。かなり長居していった。それを週に二回三回と繰り返すうちに、ゆりえと断片的に会話を交わすようになった。仮設住宅で一人暮らしをしていたようだ。ゆりえの母親よりは少し若いくらいだろうか。家族をなくしたのかどうかは聞かなかった。

ゆりえは、二〇一九年にラグビーのワールドカップがあるんですよ、外国から大勢の観光客が来て……というようなことを話した。へえ……最初は興味なさそうに聞いていた彼女だったが、やがて、ゆりえが話した中身は、彼女の口から、次に来たお客さんや、ふらりと訪れた観光客に伝えられるようになった。

「知ってる？　今度、日本でラグビーのワールドカップがあるんだってよ。それを釜石でやるんだってさ。え？　まだ決まってないの？」

いつのまにかビーズおばさんは、ゆりえが頼みもしないのに、ワールドカップについての宣伝部隊になっていた。

「実際には、ワールドカップに反対の人って、そんなにいなかった気がするな」とゆりえは言う。

鵜住居の仮設住宅に住む人たちは、ワールドカップのことなんて何も知らない人がほとんどだった。どちらかというと、スポーツにも関心はない。もっといえば、何に対しても関心を持てなくなってしまっている。心を閉ざしている。時間が止まっているのだ。

その人たちの心の扉を、無理やり開くことはできない。そのかわり、扉を少しだけ開けてみた人がいたら、声を掛けようとゆりえは思った。そして、今はまだ心の扉を開けない人たちにかわって、外から釜石に来てくれた人に、話し掛けることが自分の役目だと思った。きっと、時間が必要なのだ。

ゆりえは、二〇一九年のワールドカップで釜石を訪れる外国人への応対のために、商店街の人たちに配る指さし英単語帳を作成している。そこには、なるべく、楽しくなる絵を、思わずニッコリしてしまいそうなイラストをつけようと思っている。

「このへんの人って、あまり笑わないんですよね」

自身も「このへんの人」という自覚があるからだろう、ゆりえは笑って話す。

自分から笑顔を作ってゲストを迎えるのは苦手かもしれない。だけど、シンプルな応対で相手が笑顔を作ってくれたとき「このへんの人」は、控えめだけど、とてもあったかい笑顔を見せる。

だから、心からの笑顔を見せてもらえるのも、時間の問題だと思っている。


日本ラグビー協会の森喜朗会長が釜石を訪ね、釜石市球技場で観戦したトップイーストの釜石シーウェイブス×日野自動車の一戦。ハーフタイムのピッチに、「釜石でワールドカップを」のロゴ入りポロシャツ姿で現れた一人の若い女性がいた。手にした籠から、ミニチュアボールを取り出しては、スタンドのファンに投げ込む。そのたびに、仮設のスタンドに陣取ったファン達が叫び声を上げる。

「えりこちゃーん、こっちこっち！」

女性の名は、平野《ひらの》恵里子《えりこ》。日本体育大ラグビー部女子部の三年生。この半年後には「七人制日本選抜」として、サクラのエンブレムをつけてインターナショナルの戦いの場に立つ女性ラグビープレーヤーだった。

「ゆうべ、夜行バスで来ました」

いつ来たの？　と聞かれて、恵里子ははにかみながらそう答えた。

で、東京へはいつ戻るの？

「はい……今夜のバスで」

日体大ラグビー部女子の練習日程からいっても、そうするしかなかった。世界を目指すアスリートにとって、夜行バスという負荷の高い移動手段はきっと、望ましくはないだろう。だが、恵里子にはその負荷を抱えても、釜石に駆けつけたいという思いがあったのだ。

平野恵里子は、釜石市の北隣、大槌町吉里吉里《きりきり》に生まれた。父の博美は釜石Ｖ７時代に青春時代を過ごし、自身も釜石ラグビースクールでコーチをしていた。兄も姉もラグビースクールにいた影響で、末娘の恵里子も、応援に行っているうちに、自然とラグビーを始めていた。小学一年生のときだった。末っ子は年長の兄姉と取っ組みあいをして育つから、負けず嫌いになる——スポーツ界で言われる鉄則通り、気持ちの強い、意志の強いプレーをする子だった。

恵里子は吉里吉里中と釜石高の部活では陸上部に入り、中三のときは岩手県大会の百メートルで七位になった。高校時代は釜石シーウェイブス・ジュニアのコーチにお願いして、特別に指導を受けていた。マンツーマンの指導では逃げ道がない。恵里子は泣きそうになりながら、厳しいメニューに取り組んだ。

釜石高二年生になった二〇〇九年夏、二〇一九年ラグビーワールドカップの日本開催と、二〇一六年からオリンピックの正式種目として七人制ラグビーの採用が決まった。十一月、日本ラグビー協会が初めてセブンズアカデミーを開催。恵里子は有望選手の一人として招待され、東北新幹線に乗って上京。のちに女子日本代表や日本選抜で一緒にプレーする選手たちと一緒にボールを追った。同じアカデミーには、桐蔭学園高二年生だった松島幸太朗（南アフリカ・シャークスアカデミー―サントリー）、竹中祥《しょう》（筑波大―NEC）、東福岡高の布巻《ぬのまき》峻介（早大―パナソニック）ら、すでに全国的に知られる存在となっていた同学年の男子選手も参加していた。

その年の十二月には、大阪の花園ラグビー場で行われる全国高校ラグビーの開会式直後のイベントとして、U18花園女子セブンズのエキシビションマッチが開催され、恵里子も青森県から呼ばれた工藤真実（青森商高）、中田妃星《ひかる》（八戸西高）の二人とともに選抜され、高校ラグビーの聖地に立った。人数の関係もあり、恵里子ら東北の三人は西軍に入れられたが、その一人、青森商高の工藤真実がトライをあげるなど、西軍が二十二対十七で勝った。

この試合に呼ばれたことが、恵里子の転機になった。リオと東京のオリンピックを目指したい。その思いから、釜石高の男子ラグビー部と一緒に練習させてもらうようになった。日体大への進学を目指したのもこの頃だった。日体大は、日本の女子ラグビーをリードする存在だった。〇九年の五輪種目採用決定後は、いくつかの大学が女子ラグビーに力を入れ始め、クラブチームも新たに誕生したが、それ以前に女子ラグビーチームが活動していた大学は、事実上、日体大だけだった。上を目指したい。その思いが恵里子をハードワークへと駆り立てた。恵里子は、釜石高ラグビー部のたった一人の女子選手として練習を重ねた。

だが、恵里子のそんな思いとは裏腹に、恵里子は女子ラグビー界のメインストリームから離れていく。女子ラグビーを取り巻く環境は厳しく、日本ラグビー協会が主催するセブンズアカデミーを除けば、多くの合宿は交通費自前、コーチングスタッフも完全なボランティアで行われていた。関東地区で女子ユース講習会が開かれると聞いても、釜石から自費で何度も参加できる環境にはなかった。結果として、恵里子は中央の女子ラグビーから置いていかれた。翌年の花園、ユース女子セブンズの出場選手リストに、釜石高三年の恵里子の名はなかった。

恵里子は悔しかった。大学に行ったら、きっと追いついて、追い越してやろうと思った。

日体大への進学が決まり、釜石高の卒業式も終え、後は上京を待つだけというときだった。二〇一一年三月十一日、東日本大震災が起きた。

恵里子は、父の仕事の手伝いで、山の中の土木作業の現場にいた。大きな揺れが来た。ベルトコンベアーを動かしていた恵里子に向かって、父が「危ない！」と叫び、両手で大きくバツ印を示した。恵里子は急いでベルトコンベアーの運転スイッチを切った。

恵里子の家は海岸から歩いて七分ほどのところにあった。それほど、海に近いところに住んでいる自覚はなかったが、津波がすべてを運び去っていた。私の家は、こんなに海から近かったのか、恵里子はそれを、初めて知った。

母親と兄、姉は釜石市内の、波の来ないところで働いていたはずだ。しかし祖母は一人で家にいたはずだ。大丈夫だろうか。恵里子は父とともに、必死に避難所を回り、祖母を探した。夜になって、ようやく無事に避難所にいるところが見つかった。

津波は故郷のすべてをのみ込んだ。大槌町は、宮城県の南三陸町、岩手県の陸前高田市とともに、市域のほぼすべてが津波にのまれた、最も被害の大きい自治体のひとつだった。恵里子の家族は両親と兄と姉、祖母とともに避難所に入り、一日一日を過ごした。こんな状況では、進学なんて考えられない……誰に相談したわけでもなかったが、恵里子はぼんやりと、故郷に残ることを考え始めていた。何よりも、瓦礫だけになった故郷をおいて、自分だけが東京の大学へ行くことは考えられなかった。

震災から十日ほど経った頃だった。父から「入学の用意をしろ」と伝えられた。

「クルマを借りたからな。お前は東京に行け」

有無をいわさない言葉だった。

家の自家用車は津波で流されていた。大槌から釜石に出るJR山田線は跡形もなく消えていた。釜石と内陸を結ぶJR釜石線も、東北新幹線も、まだ動く気配もなかった。父は会社のクルマを借りてくれた。いったん用意した入学準備品はすべて流されていた。恵里子は荷物をまとめ直した。学用品であれラグビーの道具であれ、大槌や釜石で手に入る品はほとんどなかった。身の回りのものだけをかき集めて、恵里子は父が用意してくれたクルマに乗り込んだ。避難所にいた友人たちやその家族が、手を振って見送ってくれた。

釜石を出たのは夕方だった。開通したばかりの東北自動車道は、あちらこちらに段差があった。父の運転するワンボックス車は、その段差に勢いよく乗り上げないよう、注意して南へと走った。いつしか恵里子は眠りに落ちていた。考えてみたら、周りの目から遮断されて眠れるのは、震災以来初めてだった。ハンドルを握る父は、ひたすら恵里子を眠らせてくれた。目が覚めると周りは明るくなっていて、風景も一変、ビルに囲まれていた。横浜市青葉区の日体大の寮に着いたときには、もう昼近かった。

こうして、恵里子の大学生活は始まった。

恵里子の学年は、女子ラグビーのユース育成が本格化した学年だ。いわばゴールデンエージである。同学年には、二〇一〇年にU18香港代表と対戦したU18日本代表で主将を務めた鈴木実沙紀《みさき》（関東学院大）がいた。その試合に出場していた横尾千里（早大）と谷口令子《のりこ》（東京学芸大）は、大学一年で七人制日本代表に入った。一学年下の鈴木陽子は高校三年で七人制日本代表の主将を任され、二学年下の大黒田《おおくろだ》裕芽《ゆめ》も高三で日本代表入りした（ともに立正大）。育成の資本が大量に投下された時代のメリットを受けて育った世代が、次々と恵里子を追い抜いていった。

関東の子は確かにうまい。恵里子もそれは認めていた。彼女たちが代表に選ばれていくのは実力通りなのかもしれない。だけど、悔しさは募った。

恵里子には背負うものがあった。

大槌に帰省すれば、家族は仮設住宅で暮らしている。日体大入学のために郷里を旅立つとき、避難所で見送ってくれた地元の人たちは、恵里子が帰るたびに「エリコちゃん、頑張ってるね」と笑顔で迎えてくれる。恵里子の活躍を伝える記事が、質素な仮設住宅に貼られている。

「オリンピック頑張ってね」

「新聞記事読んだよ」

「ワールドカップが釜石に来るといいね」

特に声をかけてくれるのは祖母の友人たちだ。仮設住宅の単調な暮らしの中で、恵里子の活躍がどれだけの明るさをもたらしているのか。それは、みんなの笑顔を見れば、おのずとうかがえた。

仮設住宅の暮らしは楽ではない。薄い壁。低い天井。夏はうだるように暑く、冬は床下を冷たい風が吹き抜け、底冷えする。玄関の外は砂利《じゃり》が敷いてあるだけ。そんな不自由な暮らしの中で、郷里を離れた自分のことまで気遣ってくれる地元の人たちの声を声を聞くと、恵里子の気持ちはまた強くなった。頑張らなきゃ。もっと強いプレーをしなきゃ。みんなに喜んでもらわなきゃ。そのために、もっと頑張らなきゃ、と恵里子は思った。それは義務感というより、喜びだった。

華麗なプレーや気の利いたプレーで勝負したら、都会のエリート選手にはかなわないかもしれない。だけど、痛いプレー、当たり前のプレーを、全力で、何度でも繰り返す。どんなに抜かれかけても、諦めないで追いかける――泥くさいプレーを何度でも反復する。ひとつひとつは誰でもできることでも、それを徹底してやり続けることは、誰もがしていることではない。そんな恵里子のプレースタイルは、やがて味方のプレーヤーの信頼を勝ち取り、チームに不可欠な選手となっていった。ウエイトトレーニングにも、周りの誰よりも打ち込んだ。大学入学当時は五十五キロだった体重は、四年間で六十キロまで増えた。

プレーヤーとしてのキャリアも重ねていった。二〇一二年五月二十七日、秩父宮ラグビー場で行われたセブンズフェスティバルで、二年生になった恵里子はウイングとして出場、ＲＫＵラグビー龍ケ崎・グレース戦ではトライも決め、日体大女子の優勝に貢献した。

二〇一三年十一月二十三日、女子十五人制国内女王を決める会長杯では、名古屋レディースとの決勝で勝利を決定づけるトライを決め、ＭＶＰに輝いた。一四年二月には初めて七人制日本代表候補に選ばれ、カナダで行われたカナダ代表との合同練習に参加する。三月末には日本選抜のメンバーに選ばれ、香港女子セブンズに出場した。サクラのエンブレムをつけて、初めて臨んだ試合だった。

「これが最初で最後になるかもしれない。やれることは全部やろう」

そう決意して臨んだ恵里子は、試合の流れを変える頑健なタックルを連発し、アイルランドを破り、四強進出の原動力となった。

香港の後、肉離れを起こしたが、二〇一四年八月にはブラジルで行われた世界学生セブンズの女子日本代表に選ばれ、地球の反対側まで出向いた。十一月には女子十五人制の全国大会・会長杯で前年に続いて日体大の優勝の原動力となった。全力で走り続け、密集にも突き刺さり、ハードワークを重ねながら、トライチャンスにはスピードを活かして走りきる。恵里子は二年連続で、会長杯のMVPを受賞した。

二〇一五年三月二日。二〇一九年ラグビーワールドカップ開催都市、釜石決定のニュースを、恵里子は日体大の寮で聞いた。

嬉しいな、自分がそう思った以上に、釜石の人たち、大槌の人たちが喜んでいるだろうな、と思うと恵里子の胸は熱くなった。

二〇一五年四月。日体大を卒業した恵里子は、横浜市の医療法人横浜柏堤会《はくていかい》に就職。同法人が運営するＹＯＫＯＨＡＭＡ　ＴＫＭというチームに所属して、社会人ラグビー選手の道を歩み始めた。

目標はリオデジャネイロ、そして東京のオリンピックだ。そこで活躍すれば、故郷の人たちはきっと喜んでくれる。そして、東京オリンピックの前年には、釜石でワールドカップがある。そのころにはきっと、みんな仮設住宅を出て、復興住宅で新しい暮らしを始めているに違いない。復興住宅から、復興スタジアムまで、お年寄りたちも、子どもたちに手を引かれて、笑顔で歩いていくことだろう。私も一緒に歩けたらいいな。

その日を夢見て、恵里子はまた、トレーニングに打ち込む。

第五章　富《ふ》来《らい》旗《き》

二〇一五年一月。釜石シーウェイブスは、トップリーグ昇格を目指してトップチャレンジシリーズを戦っていた。

シーウェイブスは、このシーズン、下部リーグに当たるトップイーストリーグで二位に入り、各地域リーグの二位同士が戦う「チャレンジ2」で大阪府警察と中国電力を破り、トップリーグへの昇格をかけた「チャレンジ1」に進出していた。イースト一位の三菱重工相模原、ウエスト一位のホンダ、キュウシュウ一位の九州電力と四チーム総当たりの戦いで、一位になればトップリーグに自動昇格。二位から四位になれば入替戦を戦うことになる。二〇〇三年にトップリーグが発足して以降、釜石シーウェイブスはトップリーグとの入替戦に進んだことはなかった。

例年なら、十二月の前半にはシーズンが終わっていた。トップイーストでは、トップチャレンジに進めない三位から四位が、ここ数年のシーウェイブスの指定席だった。トップチャレンジは一月二十五日まで、トップリーグとの入替戦は二月十四日に組まれていた。かつてのV7時代は一月十五日の日本選手権がシーズンの最後の試合であり、チームは十二月の半ばから東京の研修所に泊まり込み、国分寺のグラウンドで練習していた。シーウェイブスにとってだけではなく、釜石ラグビー史上、ここまで長いシーズンを戦うのは初めてのことだった。

シーウェイブスは、一月十二日のホンダ戦に〇対五十九で大敗した。東京での試合を終えると釜石に戻り、翌週には大阪の花園へ出向き、九州電力戦に臨んだが十七対二十六で連敗。再び釜石に戻り、最後の三菱重工相模原戦の行われる福岡へ飛んだ。三菱重工相模原には二十七対二十六で競り勝った。しかしホンダ戦の大量失点が響き、トップチャレンジシリーズでは最下位の四位に終わった。入替戦では、トップリーグから入替戦に回ったチームの中で最上位、十三位のクボタと対戦することになった。

神戸製鋼で戦力外通告を受け、釜石へやってきたタケこと伊藤剛臣は、四十三歳で迎えたこのシーズン、フル出場を続けていた。

震災の時、先頭に立ってボランティア作業に打ち込んだアラティニ、ファーディーはシーウェイブスを離れていた。吉田尚史もシーウェイブスで二シーズンプレーしたあと、釜石を離れた。タケは釜石のシンボルプレーヤーになっていた。試合のあと、ファンに囲まれるのも、メディアに囲まれるのも、メンバーの中ではタケが一番だった。

「四十三歳になって、ようやく体をケアすることを覚えたんです」

タケはそう言って笑った。寒い冬の練習に備え、クラブハウスには誰よりも早く行き、じっくりと風呂で体を温めた。練習のあとのストレッチも欠かさずに行うようになった。ケガ知らずの頑健な肉体が、四十三歳にして再生した。ラインアウトでは二十代の頃のように宙高く飛んでボールを摑《つか》んだ。味方のアタックではタックルに来る相手に突き刺さって押しのけ、ボールを確保した。相手のアタックでは味方ウイングの外までカバーディフェンスに走った。ボールを持たない場面で、勇気に溢れた、献身的なプレーを反復する姿に、タケよりも年下の三浦健博HC《ヘッドコーチ》は「釜石に来てから一番いいんじゃないですか」と唸った。タケは四十三歳にして、負荷の高いフォワードのロックというポジションで、二〇一四年度にチームが戦った十五試合のうち十三試合に先発し、そのすべてに八十分フル出場を果たしていた。

一月の釜石の寒さは過酷だ。太平洋岸の釜石では雪こそ少ないが、西に聳《そび》える標高千三百五十一メートルの五葉山から冷たい風が吹き下ろす。グラウンドが凍る。スクラムを組めば、人の形をした湯気が、固まったまま宙に浮かび上がり、そのまま消えずにグラウンドを彷徨《さまよ》った。三十年近くラグビーを続けてきたタケにとっても、初めて見る幻想的な景色だった。

「厳しいね。でも、こんな厳しいところでラグビーしてるの、オレたちくらいだろうな」

タケは笑い飛ばした。真冬の練習ではいつも、上半身は六枚、下半身も二枚のトレーニングウェアを重ね着して、グラウンドに出た。万全の備えで臨んでいたからこその豪快な笑いだった。

だが、シーズンの最後、タケはピッチに立つことはできなかった。

クボタとの入替戦の一週間前、タケは練習で味方のタックルを受け、ボールを置こうと体を捻った際に、左足首に重度の捻挫を負っていた。受傷直後に駆け寄った三浦HCがすぐに「来週は無理ですね」と悟ったほど、ひどい症状だった。歩くことさえままならない状態。それでもタケは遠征に同行し、練習では水の入ったボトルを運び、タックルバッグを運び、チームをサポートした。しかしトップリーグの壁は厚く、シーウェイブスは五対三十四で敗れた。トップリーグ昇格の夢は果たせなかった。

ワールドカップの招致活動では、シーウェイブスは前面に立たなくなっていた。

二〇一二年度の釜石シーウェイブス・アニュアルレポートには『シーウェイブスは地域の皆様とともに2019RWC釜石誘致を応援して参ります』の文言が明記されていたが、二〇一三年度のアニュアルレポートには一切触れられていなかった。

ワールドカップ招致活動に携わっている市民たちは、シーウェイブスというクラブの最大のスポンサーであり、多くの選手の雇用主である新日鐵の真意を測りかねていた。新日鐵は、ワールドカップ招致活動からは距離を置いていたように見えたのだ。

「新日鐵は事業所が多いからね」と解説してくれた人がいた。

国内各地に多くの事業所があれば、それぞれの自治体と密接な結びつきが生まれる。まして、製鉄という重厚長大産業は、地域の経済、雇用にも大きな影響を与える。特定の事業所のある都市の活動を支援したり、しなかったりすることとは距離を置いたとしてもおかしくない。新日鐵は二〇一二年に住友金属と合併し、新日鐵住金という新会社になり、さらに事業所が増えていた。

もちろん、新日鐵本社が個別のワールドカップ招致活動を支援しないとしても、それは各事業所に「反対」を強いることを意味しない。だが、ワールドカップについて何かを語ろうとすれば、どうしたって「賛成」か「反対」かの旗幟を鮮明にすることが求められる。釜石製鉄所とシーウェイブスにとっては、ワールドカップと距離を置くこと、触れないことが、最大限の誠意だったのかもしれない。

シーウェイブスにはシーウェイブスの事情があった。

震災のあった二〇一一年度は、シーウェイブスの個人サポーターが前年の千八百九十一人からほぼ倍増した。震災で危機的状況にあったチームを何とか存続させようと全国で行われた支援イベント、サポーター拡大活動は、クラブ化十一年目で最多となる個人サポーター三千五百七十六人という数字につながった。

しかし一年後、サポーター数は二千二百六人まで激減した。

GMの高橋善幸は、選手に過大な負担を掛けたくないと思っていた。

シーウェイブスの目標は何か。それはトップリーグに昇格することだ。そのために重要なのは何か。勝つことだ。チームを強くすることだ。シーウェイブスがワールドカップ招致の旗を掲げれば、イベントやタウンミーティングにお呼びがかかるだろう。あるイベントには出て、あるイベントには出ない……そういう区別は難しい。企業チームであれば、会社の方針、役員の判断という錦の御旗が矢面に立ってくれるが、市民のクラブにはそれがない。そもそも、シーウェイブスの選手たちは、一部のプロ選手を除けば、厳しい環境の中で練習時間をひねり出してラグビーに取り組んでいるのだ。高橋善幸は、自分がその役目を果たさなければいけないと思った。

釜石の復興のためには、ワールドカップの招致を実現させたい——それは高橋善幸にとっても悲願だった。だからこそ、自分たちの本来の目標であるトップリーグ昇格を果たし、さらにいえばV7時代のように日本一を目指すことで、釜石のラグビー熱を盛り上げれば、ワールドカップの招致活動にもプラスになるだろうと思った。

同時に高橋善幸は、ワールドカップが来たあとの釜石のことも考えていた。ワールドカップは二〇一九年のイベントだ。二〇一九年のイベントが過ぎたあと、釜石のラグビー熱はシーウェイブスが担っていかなければならない。中心にいなければならない。そのためには、絶対にトップリーグに昇格していなければならないのだ。

高橋善幸は、シーウェイブスを、あえてワールドカップ招致から離れたところに置いた。

高橋善幸は仙台への転勤に伴い、二〇一三年三月でシーウェイブスのGMを退いた。後任には、かつて横河電機のGMとしてチームのトップリーグ昇格をマネジメントした小原崇志《おばらたかし》を招聘した。小原GMも、その路線を踏襲した。

シーウェイブスの事務局長を務めながらワールドカップ招致のブレーンとして奔走

していた増田が、市役所職員に転身したのは、自然な流れだった。

二〇一二年十月、それまでの陸上トラックを備えた松倉グラウンド（釜石市陸上競技場）が解体され、二〇一三年四月には、ラグビー用とサッカー用、二面の人工芝ピッチを備えた釜石市球技場に生まれ変わった。

グラウンドの横には、ラグビー場とサッカー場の2面を真ん中から見渡す形で、瀟洒なクラブハウスが建てられた。

松倉グラウンドの人工芝化は、二〇一六年のいわて国体を睨んだ事業だった。財源には岩手県の補助金約二億四千六百五十八万円があてられたほか、サッカー用ピッチと夜間照明の整備費として日本サッカー協会、国際サッカー連盟、欧州サッカー連盟による共同の支援金約一億四千二百六十五万円が出資された。

そこに、クラブハウスを建てましょうと提案してくれたのが、アメリカの石炭会社、エックスコール社のＣＥＯ（最高経営責任者）アーニー・スレーシャーだった。同社は新日鐵の原料大手買い付け先であり、同社から見れば新日鐵は大切なお得意様だった。

アーニーＣＥＯは震災後の二〇一一年七月三日、ニューヨークの有名レストランのシェフ八人を連れて釜石を訪問。フレンチ、イタリアン、中華、和食、スイーツ……ニューヨークの三つ星レストランの味を、ビュフェ形式で振る舞うという大規模な炊き出しを行った。

このとき会場に選ばれたのが、松倉グラウンドだった。大量の食材を積み込んだ大型の冷蔵トラックを横付けし、それを振る舞うスペースは、釜石には他になかった。当日は天候にも恵まれ、評判が評判を呼び、松倉グラウンドには三千人の市民が集まり、ニューヨークの味を堪能した。このとき、松倉グラウンドというロケーションもあり、炊き出しのお手伝いを買って出たのがシーウェイブスの選手たちやスタッフたちだった。

この縁から、アーニーCEOは釜石を継続して支援していくことを提案。当初は図書館などの公共施設設置の支援などが検討されたが、釜石市の受け入れ態勢がなかなか決まらず、宙に浮いてしまっていた。そのとき、釜石シーウェイブスの高橋善幸GMが、国体に向けて改装される松倉グラウンドに、シャワー施設やロッカールーム、レセプション会場を備えたクラブハウスを作れたら嬉しいのですが、と提案した。炊き出しを行ったときの松倉の美しい景色と、人々のよろこびの表情に強い印象を持っていたアーニーCEOは、すぐに賛同した。

「釜石のみなさんに元気になってもらうため、スポーツを通じたコミュニティの拠点として活用してもらえるなら嬉しい」

二〇一二年十一月、調印式のため釜石を訪れたアーニーCEOはそう言った。翌年四月にはグラウンドとともに鉄骨二階建て、ロッカールーム、シャワールームに、アフターマッチファンクションのできる、ミニバーとバルコニーのあるラウンジを備えた英国風の瀟洒なクラブハウスが完成した。総工費は一億五千九百万円にのぼった。オープニングセレモニー出席のため、アーニーCEOは釜石を再訪した。

震災以来、国内から、世界中から、数え切れないほどの支援が寄せられ、ボランティアが釜石へやってきた。

しかし、時間が経過するごとに、初速の勢いが薄れていった。それはやむを得ないことだったが、時間の経過で被災地の現実が好転したわけではない。それだけに、エックスコールがさしのべてくれた大きな支援はありがたかった。ラグビーがさして盛んではなさそうに見えるアメリカの企業が支援してくれたことに、釜石ラグビーが日本だけではなく、世界から愛されていること、注目されていることが現れていた。

二〇一四年度、新たにエックスコール社のロゴをジャージーの胸に入れたシーウェイブスは、トップチャレンジから入替戦に向けて、例年にない多くの試合を戦ってい
た。

二〇一九年ワールドカップの開催地は、シーズン開幕後の十月末日に締め切られ、シーズン佳境に選考が行われ、シーズン終了直後に開催地が決定するスケジュールになっていた。シーウェイブスの試合が行われるたび、ファンもメディアも、その戦いぶりとワールドカップ招致を重ね合わせて見ようとした。しかし三浦健博HCも、須田康夫キャプテンも、ワールドカップ招致については触れるのを避けた。

そんな中で、ひとり、ワールドカップへの熱い思いを発信し続けたのが、タケだった。

「僕は、釜石に来た一年目から、シーウェイブスが強くなることと、ワールドカップの招致に、少しでもいいから力になりたいと思ってましたからね」

タケがそう言ったのは十二月二十三日、秩父宮ラグビー場での中国電力戦に勝ち、トップチャレンジ1への進出を決め、つまりはトップリーグとの入替戦進出を決めた

試合のあとだった。

「釜石といえばV7、国立競技場に六万人、そこで富来旗がはためく。そんな伝説のチームがあった町に、やっぱりワールドカップが来てほしいです」

そして、シーズン最後の試合となった二〇一五年二月十四日、クボタとの入替戦に敗れたあと、この日は試合に出なかったタケは、やはりメディアに囲まれた。

「来年のことですか。自分は一年一年というより、一回一回の練習に『これが最後かもしれない、悔いなくやりきろう』という思いでやってきましたから。先のことは何も考えていません」

自らの今後については明言を避けたタケだったが、釜石のワールドカップ招致の行方について聞かれると、一転、雄弁になった。

「この間、ワールドラグビーの担当者の方が釜石に視察にこられたようですね。環境は確かに厳しいと思いますよ、スタジアムもまだありませんし。だけど僕は、個人的には、釜石はワールドカップの試合をやる意義が一番ある町なんじゃないかと思っているんです。

ラグビーの伝説の町が、震災から復興を目指している。そんなときにこの、世界三大スポーツイベントのひとつと言われる大きなイベントが釜石に来る。それはすごいものがあると思うんですよ」

タケが言った「この間」とは、クボタ戦の一ヵ月前のことだった。一月十二日、国際ラグビーの統括団体・ワールドラグビーのワールドカップ統括責任者、アラン・ギルピンをはじめとするワールドカップ開催都市視察団が釜石市を訪れたのだった。ラグビーワールドカップへの立候補申請は二〇一四年十月に締め切られていた。立候補書類を提出したのは以下の十四都市だ。

・札幌市
・釜石市（岩手県）
・仙台市
・熊谷市（埼玉県）
・東京都
・静岡県
・豊田市（愛知県）
・京都市
・東大阪市（大阪府）

・神戸市
・福岡市
・熊本市（熊本県）
・大分県
・長崎県

北は札幌市から南は九州の熊本市まで、国内の十四の都市が立候補し、のちに横浜市（神奈川県）が追加で立候補を申請、受理された（一部、県と市の連名による立候補を含む）。東北では釜石市の他に仙台市が立候補していた。

ラグビーワールドカップリミテッドと組織委員会による視察は一月、秘密裏に行われた。立候補した都市にとっては、この視察で、どんなプレゼンテーションをするかが勝負だ。それだけに、視察の情報が漏れれば、どんな印象を持たれたか、どんな質問があったか、どんな評価を得たのか……さまざまな情報が伝わり、後から視察される候補地が有利になりかねない。

東京は別として、他の候補都市は、どこもスタジアムを持っていた。スタジアムがあれば、その立地、アクセス、施設、改装計画の有無など、視察団に見てもらうものは明瞭だ。だが、釜石には、見てもらうスタジアムそのものがない。見てもらうとしたら、建設予定地しかない。その予定地にしても、整地されているわけでもない。スタジアム建設予定地の釜石東中・鵜住居小跡地は、校舎が解体されたあと、市内各地のかさ上げ工事に向け、あちこちから運んできた土砂の仮置き場になっていた。見上げるほど高く土砂の山が聳《そび》え、ひっきりなしに大型ダンプが行き交う。

ここにどんなスタジアムを作ろうとしているのか。それをどう説明するか。

スタジアムの問題は、釜石でワールドカップを開くための最大の問題だった。大きすぎるハコモノは、大会が終わった後で大きな負債を自治体に課す。それは二〇〇二年の日韓サッカーワールドカップを含め、国内外のいくつものスポーツイベントで見られた現象だ。まして、津波による壊滅的な状態から復興しなければならない、人口三万人台の釜石に、大きなスタジアムを作ることなど論外だ。一二年六月、平尾誠二を招いて開いた最初のタウンミーティングで、嶋田副市長はスタジアムについて「こぢんまりしたものを」と強調した。

増田らワールドカップ誘致推進室が目指したのは「最小限のスタジアム」だった。ワールドカップを開催するスタジアムには、ゲームのカテゴリーによって、収容人数のガイドラインが設けられていた。開幕戦と決勝戦は六万人以上、ホスト国や強豪国同士の対戦には四万人以上、強豪国と開催国の対戦には二万人以上、そして、それ以外の対戦には一万五千人以上。

釜石が目指したのは、最少のカテゴリー、一万五千人だが、それですら、人口三万六千人の釜石市には過大だ。

増田らが作成したスタジアムプランは、常設席は千ないし二千席に抑え、残りの一万三千ないし一万四千席を、ワールドカップ期間のみ使用する仮設席で賄《まかな》うプランだった。

多額の費用をかけて建設するスタジアムは、ワールドカップのためだけのものではありえない。釜石市が目指したのは、被災地にふさわしい、防災機能を備えたダイバーシティ（多様性）スタジアムだ。

アイデアは、大げさにいえば、釜石市民が総出で出し合った。ワールドカップ招致が検討され始めた二〇一二年以降、何度も開かれたタウンミーティングでは、必ず「スタジアムをどうするか」が大きなテーマになった。

ミーティングのたびに、たくさんの意見が出た。

「無用の長物《ちょうぶつ》を作るんじゃないか」

「いや、後世に役立つものを作るんだ」

「せっかくなら防災拠点を」

「震災の教訓を伝えられる施設に」

さまざまな意見を、増田らは丁寧に聞いていった。二〇一四年には広く市内外によびかけ、アイデアコンペ、公開ディスカッションも実施した。映画館や商業・レジャー施設の併設、震災メモリアル施設、自家発電施設、温泉施設、病院や保育園の併設、富裕層が遊べるカジノ……さまざまなアイデアがまた集まった。震災の夜の疑似体験や、鵜住居小・釜石東中の子ども達が震災の日に避難した道を実際に走る追体験など、防災避難ツーリズム機能を持たせようというアイデアもあった。もちろん、防災拠点、防災備蓄倉庫、避難拠点、簡易宿泊所といった、実際の災害時に市民を救うための拠点機能を持たせようという意見も寄せられた。

小さいけれど、夢のあるスタジアム。その完成型は、まだ見えていない。見えていないから、夢は広がる。

増田たちは、紙でスタジアムの模型を作った。視察団を迎えてプレゼンテーションを行う会場は、宝来館にした。宝来館は、鵜住居のスタジアム建設予定地から最も近い建物であり、鵜住居地区のかさ上げ工事にともない、ラグカフェが移っていた。テーブルの上に広げられる程度の大きさのスタジアム模型を視察団に見せて、どんなスタジアムを作ろうとしているかを説明しよう。

あとは、それがどんな場所に、どんなふうに建てられるのかを、視察団に想像してもらわなければならない。

増田たちが考え出したのは、旗を振ることだった。

スタジアム建設予定地を囲むように、旗を持ったスタッフを配置し、視察団が現地を訪れたらその旗を振ろう。この大きさに、スタジアムが作られるんだと示そう。スタジアムがここにできる、その姿を想像してもらおう。

人の確保も簡単ではなかった。視察団が釜石を訪れたのは、釜石シーウェイブスが秩父宮ラグビー場で、トップチャレンジのホンダ戦に臨んだ日で、釜石のラグビー関係者の多くはこの日、東京へ応援に出掛けていた。さらに釜石市内ではインフルエンザが流行していて、ワールドカップ誘致活動に動いてきた民間スタッフの何人かが寝込んでいた。

「僕らでよければ手伝いますよ」

手を上げたのは、シーウェイブスの物販を手伝ってくれる青年たちだった。彼らの何人かは、社会と関わることが苦手で、普段はひきこもり状態で毎日を過ごしていた青年たちだった。彼らの社会復帰を支援する作業所を運営しているNPO法人がラグカフェの活動に参加してくれたことから、シーウェイブスの試合のときにテントで販売するチームグッズの缶バッジやコースターを作る作業を手伝ってくれるようになり、次第に物販テントの売り子も手伝ってくれるまでのつながりができていた。さらに、留学先から一時帰国していた高校生も「手伝います」と駆けつけてくれた。かけつけてくれた八人を、増田たちはスタジアムの敷地を囲むように配置した。宝来館でのプレゼンテーションを終えた視察団が建設予定地に到着すると同時に、八人は、長い竿につけた富来旗を大きく振った。

クルマを降りたワールドラグビーのアラン・ギルピン統括責任者の口から「ファンタスティック」という言葉が漏れた。

冷たく吹き付ける北風をはらみ、富来旗が大きく揺れ、はためく。背後には広い海と深い山。その山には、子ども達が手を取り合い、迫り来る津波から逃げた、奇跡の避難路が延びているのだ。

「素晴らしい光景だった。人々が、この地でワールドカップを開きたいんだという熱い気持ちに、心を打たれた」

アランはそう言った。

釜石でワールドカップなんて本当にできるんだろうか——ワールドカップ誘致に尽

力してきた増田は、いろいろな人からそう聞かれるたびに「できますよ」と、ことさら楽観的に答えていた。それは本音ではあったけれど、願望を含んでいることは自覚していた。こんな、何もかもなくなってしまったところでワールドカップを開くという意義を、果たしてワールドラグビーとワールドカップリミテッドの担当者は感じ取ってくれるだろうか。

だが、それこそが釜石の武器だったのだ。

アランは、釜石の、鵜住居の、何もない風景に心を動かされたと言った。考えてみれば、これほど自然に囲まれたスタジアムは他にはない。

周りを緑に囲まれている、というのは誇張ではない。というよりも、そんな表現では済まない。津波で更地になったわずかな平地を除けば、背後は緑の山だけ。目の前は鵜住居川の河口で、その先は海だけだ。十五の開催立候補都市で、こんなところでワールドカップの試合をやろうとしているのは釜石しかないだろう。だがそれは、ハンディキャップではなく、釜石のオリジナリティだったのだ。そして、こんな都市も開催会場に入っていることは、二〇一九年ワールドカップというパッケージを作るにあたって、ひとつの魅力になる。

旗を振っただけではない。増田たちは、視察団を迎えるにあたって、できることはすべて準備した。

それは、例えばサンドイッチの厚みにまで徹底されていた。視察団に昼食として提供するサンドイッチの調理を引き受けた釜石市内の洋食店店主は、事前に用意された食パンの厚みに、「これじゃ美味しいサンドイッチはできない」とNGを出し、自らパン屋と掛け合い、理想の厚さと柔らかさを備えたパンでサンドイッチを作ったというのだ。

他の都市とのアクセスも重要な条件だった。ワールドカップの行われる二〇一九年までには、復興道路として三陸沿岸道路、釜石自動車道がともに完成して無料供用されることが決まっていた。内陸の花巻とは約一時間、仙台とも約二時間で結ばれる。

そしてワールドカップの行われる九月は、東北の海の幸が絶頂を迎える季節だ。脂ののったサンマ、戻りガツオが、豊かな北の海から親潮に乗って南下してくる、卵を抱いた秋鮭が、生まれ故郷の川へ戻ってくる。

釜石は、人口は三万六千人と少なくても、他のどの候補地とも違うホスピタリティを提供できるんです――。視察団を迎えた野田市長や増田は胸を張ってそう訴えた。

現場視察の前には、建設予定地を示すために振る「フライキ」が地域の象徴であり、復興の象徴になっていることも視察団にレクチャーした。自分たちの行動の、どこに何を見てほしいのか、そこを伝えることを忘れなかった。

だからこそ、アランら視察団は、冷たい北風をうけて翻《ひるがえ》る富来旗に、スタジアムを見ることができた。そこに、釜石の人々が復興にかける思い、ワールドカップにかける思いをくみとることができた。建設予定地へ至る道のりには、あちこちに仮設住宅が見えた。震災から四年が過ぎても、まだこれだけ多くの人たちが不自由な環境で暮らしている。そんな町が、ワールドカップを開こうとしているのだ。

増田たちには、アランたちが感動していたことがよく分かった。しかし、強い風の吹く中で、長い竿につけた旗を振り続けるのは体力を消耗する。彼らはもう、かれこれ三十分近く旗を振り続けているのだ。増田は、視察団に「そろそろ」と移動を促した。

これ以上続けさせたら、旗振り隊は、へとへとになって倒れちゃうかもしれないな……。

苦笑しながら、増田は心の中で、旗振り隊に感謝を捧げていた。

「大きかったのは、鵜住居の方々から、ワールドカップ開催の要望書が出されたことでした」

野田市長は振り返る。

二〇一一年暮れに策定した「スクラムかまいし復興プラン」に、スポーツイベントの開催を盛り込んだとはいえ、実際に招致するかどうかは話が別だった。議員や外国からの訪問客が釜石でのワールドカップ開催を後押しする発言をしてくれたことは、励ましにはなったが、行政を預かる立場としては、やはり地元の市民の声にこそ耳を傾けねばならない。

釜石市では、二〇一二年六月に平尾誠二を招いて開いたタウンミーティングをその後も継続して開催した。そこで話し合われたのは、前記のようなスタジアム構想だけではなかった。二〇一二年七月には市教育委員会内にラグビーワールドカップ誘致推進室を設置し、二〇一三年一月にはスクラム釜石代表の石山次郎、岩手県出身でサッカー日本代表の小笠原満男《みつお》を招き、種目を超えたスポーツイベントの価値を話し合った。同年三月には新日鐵釜石V7時代の中心メンバーだった高橋博行、千田美智仁らを招き、広く市民にラグビーワールドカップ開催の意義を訴えた。

誘致推進室がワールドカップの啓蒙活動を進めたのと並行して、遠藤ゆりえのラグビーカフェも、献身的に動いた。こちらは「ニッティング教室」や、シーウェイブス＆R

WC誘致キャラクターの「なかぴー」と一緒にケーキを作るイベント、「フランス語教室」「英会話カフェ」、ラグビーを題材にした映画『グラス☆ホッパー』上映会など、より市民目線のイベントを企画。これまでラグビーに縁遠かった人たちに、ラグビーの魅力とラグビーワールドカップの魅力を訴えた。

「ワールドカップをやれたらいいね」。じわじわと醸成されたそんな思いは、徐々に「ここまで来たら、やらなきゃ」という空気へと変わっていった。

野田市長は「立候補の最終決断をしたのは二〇一四年の十月、本当に締め切りギリギリでした」と話す。

「ワールドカップを開催することで復興が遅れることはあってはならない。これは絶対条件でした。ワールドカップ誘致の検討を始めた二〇一一年暮れの時点では、まだとても目処は立たなかった。やりたいという思いはあっても、やろうとは言えなかった。ただ、ワールドカップを開こうというたくさんの人の思いが、復興を加速させた面はありました。関係者の方々が知恵を絞ってくださったこともあった。『これなら二〇一九年には復興住宅もできているだろう、ワールドカップに間に合うだろう』という見通しが立ったのは、本当に二〇一四年の夏が過ぎた頃でした」

復興住宅の目処が立っただけではなかった。震災復興道路は一八年に完成することが決まった。鵜住居川河口の水門、対岸の片岸海岸の防潮堤も一八年に完成する。

ちょうどその頃、市民からの動きも加速した。二〇一四年六月三十日、RWC2019釜石誘致推進会、釜石商工会議所、釜石観光物産協会、釜石市商店会連合会から市長へ、ワールドカップ開催立候補の嘆願書が出された。七月四日、記者会見を開いて立候補の意志を表明すると、市の医師会、歯科医師会からも要望書が届いた。そして、スタジアム建設地の鵜住居地区の復興まちづくり協議会からも要望書が届いた。それまで声をあげずにいた、津波で最も大きな被害を受けた地域の人たちが、ワールドカップを誘致しようという気持ちを示してくれた。

野田市長は、被災地の象徴としての責任も感じていた。

日本中の地方都市は、若年人口の流出という問題を抱えていた。そんな中で、釜石市には震災後、岩手大学が農学部の水産システム学コースの新たな設置を決めた。新日鐵釜石のV7という遺産は、たくさんの国からの援助や人の訪問という形で釜石の町を活性化してくれた。V7から三十年の時間が過ぎても、「釜石はラグビーの聖地だね」と言ってくれる人がたくさんいることを、今回の震災のあとで改めて知った。ラグビーワールドカップが釜石に来れば、世界に向けて、震災で学んだ教訓を発信できるだろう。それは、被災地である釜石にしかできないことだ。そしてそれは、釜石市だけでなく、津波で傷ついた三陸沿岸全域にとって役立つことだ。スタジアムが拠点となって、地域に人と物の交流が促進されれば、これまで流出していた若い人たちが地元に残り、他の地域からもやってくるようになるだろう。それもまた、釜石だけでなく周りの自治体にも波及していくだろう。ワールドカップのときはもちろん、これからイベントが開かれるようになれば、周辺の自治体にも宿泊を引き受けてもらうことになる。

「スタジアムには、人の流出を食い止める『ダム機能』があると思う。それは、釜石だけの問題ではない。三陸沿岸全体に効果を波及させることができる。スポーツの広域連合を形成する、三陸全体のスタジアムとして位置付けていきたい」

十月、釜石市は正式な立候補書類を提出した。一月、ワールドカップリミテッドと組織委員会の公式視察を受けた。それからも、タウンミーティングを重ねた。

そして、二〇一五年三月二日がやってきた。

第六章　二〇一九年、その先へ

夜九時四十二分。

やった――――っ！

カーマイシ！

カーマイシ！

カーマイシ！

釜石市鵜住居町根浜海岸の旅館、宝来館は興奮のるつぼと化していた。アイルランドのダブリンから送られてきた国際映像の中で、二〇一九年ワールドカップの開催地として「カマイシ」の名が読み上げられたのだ。

カーマイシ！

カーマイシ！

カーマイシ！

終わらない釜石コールを聞きながら、川向修一《かわむかい》は、心地よい疲労感に包まれていた。

川向は釜石の地元紙、岩手東海新聞の記者として、新日鐵釜石のV7をつぶさに目撃してきた。生まれは釜石市の平田《へいた》地区。釜石南高を卒業後、上京し、新聞奨学生として明大に通った。笹田学主将と松尾雄治副将の明大が大学選手権と日本選手権に優勝する試合を、明大の学生として国立競技場で観戦し、翌年には新日鐵釜石の日本選手権初優勝を見届けた。釜石に戻り、岩手東海新聞社に入社すると、志願してラグビーを担当。秩父宮ラグビー場で、花園ラグビー場で、国立競技場で。新日鐵釜石ラグビー部V7のすべての試合を見届けた。そしてV7のあとの新日鐵釜石も、クラブ化したあとの釜石シーウェイブスも追い続けた。

東日本大震災の津波で、岩手東海新聞社は壊滅的な被害を受けた。記者が二人亡くなった。川向も、釜石市内で避難している子どもたちを撮影していて「バカヤロー、早く逃げろ！」と消防団員に怒鳴られ、神社の階段を駆け上がり、間一髪で津波から逃れた。川向は生き延びたが、新聞は発刊不能な状態になっていた。川向は震災の二週間後、解雇された。それは、離職手当をもらえるようにという会社の配慮だった。

震災から三ヵ月後、川向は市の委託を受けて、復興釜石新聞の発行を始めた。復興の歩みを地域の人々に伝えていくには、やはり紙媒体が必要なのだ。川向は市内各地を回り、話を聞き、写真を撮る。割り付けを考えながら原稿を書き、校正をする。レイアウト済みの紙面データができあがるまで、ほぼ三日がかり。そのデータをインターネットで盛岡にある印刷会社に送ると、約五時間後にはトラックで刷りあがった新聞が届く。この作業を繰り返して、週二回の復興釜石新聞発行を続けてきた。議会、市長の会見、仮設住宅の建つ現場、各地で開かれる集会……何もかもが取材対象だった。その中には、震災直後のシーウェイブスの選手たちの働きや、各地のラグビーチームからの支援や訪問や、釜石へのワールドカップ招致活動も含まれていた。川向は、以前のように、カメラとノートをバッグに詰めて盛岡や北上、さらに東京や横浜にも足を延ばしてシーウェイブスの試合を追った。

「釜石がワールドカップ会場に選ばれるのは簡単ではないよ」と多くの人が言った。「選ばれたのは奇跡だよ」と言う人もいた。「震災がなかったら、絶対に手をあげることもなかったし、開催地に選ばれることなんてなかったよ」と言う人もいた。

だが川向の感覚は違っていた。

「日本でラグビーのワールドカップをやるんだったら、そりゃあ、釜石は会場になるでしょ、と思ってました」

新日鐵釜石の時代から釜石シーウェイブスまで、チームを追いかけて全国どこへでも出掛けていった川向には実感があった。釜石といえばラグビーであり、ラグビーといえば釜石であると。新日鐵釜石が無敵を誇っていた時代はもちろん、クラブ化し、なかなか勝てなくなってからも、釜石シーウェイブスはどこへ行っても特別な存在として迎えられ、温かい声援を浴びた。日本中から、世界中から、釜石でプレーするためにたくさんの選手がやってきた。

新日鐵釜石のV7は、釜石という町の宝であるだけでなく、日本の宝だ。川向はそう思っていた。地元びいきの意味ではない。東北の片田舎の町で、高卒の無名選手を中心に鍛え上げたチームが、都会のエリートで固めたチームたちを次々と薙《な》ぎ倒し、七年も続けて頂点に君臨したのだ。その快挙に、日本中の地方出身者が快哉を叫んだ。全国の高卒労働者が留飲を下げた。外国の関係者さえ共感した。それは新日鐵とか、釜石市とかを超えた存在であり、釜石はラグビーの伝説の地なのだ。二〇一九年のワールドカップが日本で開かれるのに、釜石で試合がないなんてことは、川向には考えられなかった。そんなことになったら、気の抜けた大会になる。そんなことは誰にだって分かることだと川向は思っていた。

肝心の地元、釜石では、ワールドカップに反対の人も多いらしい……東京でワールドカップ組織委員会が会見を開くと、そんなささやきが聞かれていた。実際に釜石でさまざまな立場の人の声を聞いていた川向は、どう感じていたのだろう。

「一四年にワールドカップ招致の予算を採決するとき、賛成しなかった市会議員さんは二人いたんです。でも、それまで強硬に反対していた二人の議員さんは賛成に回った。

うち一人の方は、鵜住居で実際に被災した方で、仮設住宅で暮らしていて、仮設住民は本音では復興の遅れを心配しているんだよ、その気持ちはあるんだよというのを踏まえて賛成したんだと言っていました。

反対した人は、復興の遅れというよりは費用対効果、ワールドカップが終わった後のスタジアムの維持費について見通しが不明瞭だというのが理由でした。

ただ、その採決から現在までの一年弱の間にも、状況は変わってきています」

野田市長も話したように、三陸沿岸道路、東北横断自動車道という幹線道路が、国の予算で最優先で作られることが決まった。決定の背景に、ワールドカップ招致という動きがあったことは多くの人が感じていた。

賛否の焦点は、ともに「未来」がキーワードだった。反対する人は、次の世代にスタジアム維持費という負担を残すことに疑問を唱えた。賛成する人は、次の世代に夢を与えること、釜石をより魅力ある土地として再生させるきっかけを作れると訴えた。それはどちらも正論に見えた。

川向は、どっちも正しいんなら、やった方がいいかな、と思っていた。

市が立候補の検討を正式表明する前の一四年春ごろは、「表向きは賛成だけど、本音では反対なんだ」と言っていた商工会関係の人がいた。その人に、ワールドカップ開催が正式決定したあとで会うと、「今は本音も建て前もない、全面賛成だよ」と笑ったという。ワールドカップ招致が決まったとき、宝来館のパブリックビューイングで人々が歓喜に沸く場面が全国に向けて放送された。全国ニュースでも、開催地は「釜石など十二都市」と報じられた。それは三十年以上前、毎年味わっていた誇りと喜びが蘇《よみがえ》ったことを、地域に夢と活力をもたらすことを感じさせた。

一年前と今（一五年）でも状況がこれだけ変わっている。四年後の一九年にはもっと変わっているはずだ。「まだ早い」といって招致を見送っていたら、そのときになってどれほどがっかりしてしまっただろう。そう考えると、復興がまだ進まない段階でも、勇気を持って招致活動を始めたのが良かったのだと、改めて思う。

インフラのことも、どうにでもなると思った。

ワールドカップ開催都市は、宿泊施設として三つ星以上のホテルを有し、充実したトレーニングジムを有していなければならないというガイドラインがあった。だけど、釜石に客室数の多い豪華ホテルを作っても、ワールドカップのあとで閑古鳥《かんこどり》が鳴くのは目に見えている。だが釜石には釜石の良さがある。釜石港は水深の深さで知られる天然の良港なのだ。これを活かさない手はない。大型客船を港に停泊させる『船ホテル』というプランがあるだろう。釜石だけではない。宮古や、大船渡や、気仙沼など、近隣の港町と連携していければ、より広がりを作れる。

「問題は、二〇一九年のあとだね」

川向は、そう考えている。

「釜石って、新日鐵もある関係で、やっぱりよそからくる人が多い。言葉も、三陸沿岸では他の町とちょっと違う。気質は北海道に似てるかもしれない。外からやってきた人と融合することで地域力をアップさせてきた。それは釜石の良さだけど……」

新日鐵釜石が強かった時代は、選手同士の関係に厳しさがあった。嫌われ役を買って出て、チームに厳しさをもたらす選手が常にいた。それが今のシーウェイブスには見えない。同じようなミスで、同じように負けるシーズンが続く。それでもファンは温かい。それはラグビーだけの話だろうか？

川向には忘れられない出来事がある。

川向は釜石の合唱クラブで、もう三十五年、ベートーベンの交響曲第九を歌い続けている。川向が事務局長を務める「かまいし第九を歌う会」で、副理事長だったのが、新日鐵釜石ラグビー部の部長としてＶ７の礎《いしずえ》を築いた三笠洋一（九三年没）だった。三笠は東大野球部のエースとして東京六大学で三勝をあげ、新日鐵釜石が初めて日本一になった時代にラグビー部長を務めていた。釜石から明大合宿所へ松尾雄治を勧誘に訪れた際、長靴をはいたまま上京した飾らない姿が、天才司令塔の心を動かし、釜石入りを実現させたという伝説を持つ（息子達は前述の通り、震災後は「スクラム釜石」の立ち上げに尽力、中核メンバーとして活躍する）。

その三笠が、合唱の練習中に、クラブのメンバーに向かって、烈火の如くカミナリを落としたことがあった。一九九〇年の第九の発表会に向けて練習を重ねていた時期だった。

「こんな甘い練習でどうする。指揮者に申し訳ない。悪意がないから、かえって組織をダメにする。みんないい人ばかりだから、互いに甘くなる！」

その日は、かまいし第九を歌う会発足のきっかけにもなった、釜石で少年時代を過ごし、東京荒川少年少女合唱隊を創立した指揮者の渡辺顕麿《あきまろ》（故人）が指導に訪れた日だった。

「先生がわざわざ時間を割いて指導に来てくださったのに、予習もしてこない、先生の言葉にちゃんと反応しない、なんだそれは！」

川向は、新日鐵釜石ラグビー部が強かった理由を垣間見た思いがした。アマチュアの合唱クラブだからといって、なあなあは許さない。中には子どももいたが、真剣に取り組まない態度は絶対に許さない。その態度を容認する空気はもっと許さない。それだけの厳しさを持って臨んでいたから、新日鐵釜石のV７は達成されたのだ。思い起こせば、新米記者として松倉グラウンドを訪ねて目撃した練習で、秩父宮ラグビー場や花園ラグビー場で目撃したいくつもの勝利の中で、そういう場面はいくつもあった。自分が妥協しないだけでなく、誰かが妥協するのを許さない。それを容認する空気を許さない。

それは、V７以後の釜石ラグビーには感じないものだった。

ワールドカップ自体については、川向はあまり心配していない。「たぶん成功するだろう。一回目は何でも成功するものなんですよ」と笑う。誰もが不安を抱えている分、緊張感もある。たくさんの人が、互いの足りない部分を補おうと知恵を寄せてくる。その結果、互いをチェックしあう機能も働く。

だが、ワールドカップという目標を達成した後、地域の活性化をどう継続していけるか。魅力ある町を作り続けることができるか。

「震災の後は、本当にたくさんの人が外からやってきてくれた。それは今も続いている。理想を持ってきてくれる人はたくさんいる。ただ、気になるのは、もともと釜石にいる人たちが受け身になってしまっていないかということなんです」

だから思うのだ。これからの釜石は、三笠部長のような厳しさを持っていけるだろうか。みな、被災地の厳しい現実と向き合いながら、懸命に生きている。互いの苦労を、互いの痛みを誰よりも知っている。その中で、これからの釜石の人々は、他人に厳しさを要求できるだろうか……。

「V7という宝は、過去のものではないんですね。未来に繋げられる」

釜石市が官民連携で地域復興を進めるために設立した釜石まちづくり株式会社で事業課長を務める下村達志《しもむらたつし》は言った。

「そのためのチャンスは、二〇一九年しかないんです。このチャンスを逃したら、本当に過去のものになってしまう」

下村は一九七五年、釜石市の南部、唐丹《とうに》湾に面した花露辺《けろべ》に生まれた。小学三年の時、新日鐵釜石が日本選手権七連覇を達成した。そのとき、従姉のお姉さんと一緒に、東京までラグビー応援ツアーへ出掛けた。釜石南高では野球部だったが、ラグビー部には仲のいい友だちがたくさんいて、自分がラグビーをプレーする機会はなくてもラグビーはいつも身近にあった。新日鐵釜石ラグビー部が練習する松倉グラウンドは釜石南高の隣にあったから、野球部の練習でも走り込みなどに時々使わせてもらった。上京し、早大に進学し、秩父宮ラグビー場や国立競技場へ早慶戦や早明戦を見に通った。大学を卒業し、通信販売の会社で働いていた三十五歳のとき、東日本大震災が発生した。その週は会社からもらっていたリフレッシュ休暇で、都内を散歩していた。3・11の午後は上野の国立博物館へ行こうとしていて、西郷隆盛像の前で地震に遭った。最初は首都直下地震が来たのかと思ったが、しばらくしてワンセグを見ると、釜石の魚市場が津波に呑まれている映像が見えた。

「えらいことになった」と思った。震源地は東北だというのに、東京がこんなに揺れた。いったいどれだけ大きな地震なんだ？　その夜、中野区の自宅まで歩いて帰宅後テレビをつけると、アナウンサーが「行方不明者は三十何人に上り……」と読み上げていた。下村はテレビに向かって「そんなわけないでしょ」と毒づいた。この映像を見て、そんな人数ですむわけがないことくらい分からないのか？　と憤《いきどお》りがわき上がったのだ。

一週間後、妹の夫が勤める自動車整備工場でガソリンと携行缶を調達し、郷里を目指した。支援物資としての食料だけでなく、往復四日分の自分の食料も携行しなければならない。下村は食料を買い込みながら、レジで、聞かれてもいないのに「実家が岩手なんで……」と言い訳をした。

たどり着いた郷里は、すべてが変わり果てていた。育った村が消え、通った小学校は瓦礫に埋まっていた。道端の家の上に、流されてきた家が逆さまになって折り重なっていた。木の上にクルマが載っていた。この世のものとは思えない、現実感のない光景がこれでもかと現れた。

逆の意味で現実離れしていたのは、食料には恵まれていたことだった。漁師の村である花露辺では、どの家にも大きな冷凍庫がある。地震とともに電気は止まり、どんどん解凍が進んだ。津波を免れた家の冷凍庫から、避難所へと、次々と食材が運び込まれ、避難所のテーブルにはアワビ、イクラ、ウニ……宴会さながらの海の幸が並んだ。腐ったらもう食べられない。下村が、レジで言い訳しながら買い集めてきたカップラーメンやパンを取り出そうとすると、「こっちを先に食え」と魚介類を山盛りにした皿を押しつけられた。確かに賞味期限はそっちが先だ。その食事は、取材に訪れたメディアにも「記事にはするなよ」という条件つきで振る舞われていた。

下村は、故郷の姿を見た時点で、釜石へのUターンを決めていた。何をしようというアテがあったわけではないが、東京にいてモヤモヤした思いを抱え込んでる場合じゃないぞと思った。そう思った人が誰でも帰れるわけではないが、都合のいいことに下村は独身だった。前の年に病《やまい》を患って一年休職して、復職してから間もなかったこともあり、仕事でも自分の担当案件は抱えていなかった。地元から東京に出てきている仲間と話すと、みな同じような思いを持っていても、家庭や仕事の事情で帰れないんだという。自分には帰れない事情はない。だったらオレが帰ろうという使命感のようなものが湧いてきた。

釜石に戻ると、漁業再建のきっかけを作ろうと、漁業体験ツアーや震災学習を兼ねたエコツーリズムを企画する「うみぐらし大使館　ＳＵＮ　ＲＩＮＧ」を設立した。ボランティアや被災地視察で釜石を訪れた人たちを迎え、もてなしながら、傷ついた故郷の復興に向けできることを考えて行動した。海に出ない時期にできることは何かないか。下村はそう考えながら、釜石市内にキッチンカーによる食堂街を作るプロジェクトを手伝った。並行して釜石まちづくり株式会社に加わり、地域復興活動でいろいろな人と連携していく中で、増田や浜登ら、ラグビーワールドカップ釜石招致を目指して動いている人たちと出会った。

下村自身は、ワールドカップ誘致には賛成でも反対でもなかった。賛成する人の考えも分かるし、反対する人の気持ちも分かる。だが、それぞれの話を聞いているうちに、気持ちは動いていった。

「釜石のために何かをしたいと考えたら、動こうとしている人たちを応援したいな」

動くことを手伝う方が、しないことを手伝うより簡単だった、というか、気持ちも前向きになれた。どうせなら、行動したいという気持ちが芽生えてきたのだ。

決定的だったのは、スクラム釜石代表の石山次郎から聞いた言葉だった。

ワールドカップ招致に関するタウンミーティングで、石山は「V7は達成したけれど、私は今になって後悔しています」と言った。

下村は「え?」と思った。何かを成し遂げた人が、「後悔」なんて言葉を口にするのか? まして石山は、ラグビー界に燦然と輝く日本選手権七連覇の偉業の、すべての試合に出場した英雄だ。レジェンドだ。栄光に包まれた側の人間だ。それなのに……。

石山は続けた。

「自分たちは、V7の全盛期の時に、釜石の地域に向かって何も残すことができなかった。もっと何か地域に働き掛けていれば、何かを残せたんじゃないかという思いがあるんです」

下村は、目から鱗《うろこ》が落ちる思いだった。

釜石はラグビーの町だ——そう言われることには下村も誇りを持っていた。新日鐵釜石ラグビー部の栄光は自分たちの誇りでもあり、毎年一月十五日には熱狂した。

ただ、新日鐵釜石ラグビー部が市民に溶け込んでいたかと言えば、必ずしもそうではなかった気がする。新日鐵の企業城下町と言われる釜石だが、市民すべてが新日鐵と関わって暮らしているわけではない。かつては労働争議も、煤煙や汚水などの公害問題もあった。一九五五年から六七年まで釜石市長を三期務め、漁業を守るために新日鐵（当時は富士製鐵）と対決姿勢を打ち出し、橋上市場を建設するなど庶民寄りの市政を行った鈴木東民《とうみん》は、花露辺の出身だった。

下村ら「カマナン」と略される釜石南高（現・釜石高）の運動部系生徒にとっては松倉グラウンドが身近な存在だったけれど、だからといって、新日鐵釜石ラグビー部が身近に感じられたかと言えば、そうではなかった。彼らは雲の上の存在で、そこから下りてくることもなかった。そう思っていた。

だが、その時代の英雄が「もっと地域に働き掛けておけばよかった」と、後悔と反省を口にしている。そして、言葉だけではなく行動しようとしている。現に、釜石を離れて三十年近く経つ石山が、毎月のように釜石に通い、こうして市民の前でタウンミーティングに臨んでいる。

そんな石山の姿を見て、下村は、V7は過去の出来事ではなく、これからも生き続けていく財産なんだと思った。

下村は、津波に流され、事業者がなかなか戻ってこないかつての中心街、大町商店街で市の委託を受けて公営駐車場や、小規模な商業施設などの管理運営業務に就いている。陸前高田市や、釜石市でも鵜住居地区では大規模なかさ上げ工事が進められているが、釜石市の中心街のかさ上げは見送られた。住民や商店主たちは、自己責任と自己判断で、市の中心部に戻るのか戻らないのかを決めなければならない。どれだけの借金を背負って元の土地に戻るのか、復興住宅に入れる日を待つのか、三万六千人の市民には三万六千通りの事情がある。すべてを網羅する正解などない。

そんな事情を踏まえた上で、下村はまちづくり会社の事業課長として、旧大町商店街の一角に、市民が共有できる楽しい空間、イベントスペース、大人も子どもも楽しめる多目的ホールやフリーラウンジなどを備えた情報交流センターを開設する準備を進めている。個別の利害関係に耳を傾けないわけではないが、それにとらわれてばかりいたらキリがない。個別の事情とは一線を画し、釜石市民が共有できる価値観、故郷の魅力、ここで暮らす楽しさを再発見し、あるいは創造して、それを市民に伝えたいと思って活動している。

そこには、直接的な利益は発生しないかもしれない。だが、地域のアイデンティティは、お金では測れないものだ。

そう思っていた矢先に、石山の「地域に出て行かなかったことを悔やんでいる」という反省の弁を聞いた。その思いから、ワールドカップを実現させようと奔走している姿を見た。

下村は、胸が熱くなった。

震災直後、自分は釜石を離れて東京に住んでいた。電話もインターネットもつながらない情報のない中で、最初に飛び込んできた釜石からのニュースは「シーウェイブスの選手たちが、入院患者の移送や支援物資の搬入に大活躍している」というものだった。そのニュースを聞いたときの、熱い気持ちを思いだした。放射能を案じた母国の大使館がクルマを用意してきても帰国を拒み、釜石市民を助けることを選んだというアラティニやファーディーの発言をニュースで知ったときに目頭がどれだけ熱くなったか。津波で家を失った人たちから「お前ら、ボランティアはもういいからラグビーの練習しろ」と言われたという記事を、そうだそうだと頷きながら読んだときの気持ちがよみがえってきた。

釜石ってラグビーの町なの？

そう聞かれて「そうだよ」と答える自信は、以前の下村にはなかった。

「前はね」。そう答えたかもしれない。

「前はそうだったんだ、新日鐵釜石が強かったからね……」と。

だけど、今の気持ちは違う。震災のあと、シーウェイブスの選手たちが即座に行動して、日本中、世界中のラグビー仲間がたくさんの支援を送ってくれて、たくさんの仲間が釜石を訪れてくれた。V7時代の英雄たちが、何度も足を運び、この町を再生させるために行動してくれた。

もちろん、それがすべてではない。釜石にもラグビーに無関心な人はいるし、ラグビーにも他のスポーツにも無縁で、震災復興に大きな貢献を果たしてくれた人も、企業も、民間団体も存在した。ただ、釜石の名がメディアに乗る機会を最も多く作ったのがラグビーだったのは間違いない。

ワールドカップを呼ぼうということだって、最初は妄想にしか思えなかったが、それがいつのまにか多くの人の気持ちを動かした。反対の声も一部にあがったが、そこでかわされた議論は、どんな故郷を再生しようとするのかという、根本を見つめ直すきっかけも作ってくれた。

V7という財産は、過去の栄光ではなく、未来を切り拓くためのエンジンなんだ。輝くのはこれからなんだ。V7が、ラグビーが、釜石の町に貢献し、ともに発展するのはこれからなんだ。釜石は、大震災というピンチから復興する過程で、改めて「ラグビーの町」になっていくんだ。

だからこそ、二〇一九年はゴールではなく始まりなのだ。そのかわり、一度しかないチャンスなのだと、下村は思っている。

終章　東北

二〇一一年三月十一日、僕（筆者）は茨城県龍ケ崎市の流通経済大グラウンドで、ラグビー高校日本代表のスコットランド遠征に備えた直前合宿を取材していた。

この日、午前の練習を終え、遠征チームで主将を務める布巻峻介（東福岡高）と、竹中祥（桐蔭学園）に少し話を聞いてから、近くにある小さなショッピングモールのカレー屋で昼食をとり、百円ショップを覗いて、コンビニで飲み物を買い、午後一時三十分からの練習にあわせてグラウンドに戻った。薄い雲がかかっていた気がするが、何の変哲もない春の午後だった。午後二時四十五分までは。

二時四十六分。ラインの外でいつものようにカメラを構え、選手たちの動きを追っていたとき、突然、激しい揺れを感じた。流通経済大のグラウンドは、大学校舎が建つ丘から急な崖を下ったところにある。練習中は、ラインの中に入らないのがメディアのマナーだが、このときは話が別だった。揺れの大きさに、地面の揺れで転ばないようにしながら人工芝グラウンドの中に入り、膝をついて低い姿勢を取った。近くにいる選手には「しゃがもう」と声を掛けた。グラウンドの横では、けたたましい金属音をたてて、三階建てのクラブハウスが大きく上下動している。

いったいどれだけの間、揺れ続けたのだろう。長い長い揺れが収まったとき、人工芝のところどころが陥没し、水が噴き出していた。敷き詰められた人工芝のおかげで足は沈まなかったものの、緑のシートを隔てた下の地面は液状化していたのだ。グラウンドの横、激しい縦揺れで金属音を立てていたクラブハウスの真下には深い地割れができていた。

揺れが収まると、コーチの一人が「練習始めるぞ」と言った。

「こういうことはあるんだ」

選手の動揺を抑えようとしたのだろう。心を鬼にして言ったのだと思う。違和感は覚えなかった。被害の規模もまだ何も分かっていなかった。

再開した練習を横目で見ながら、しばらくの間、携帯電話で家族に連絡を試みた。つながらない。こんな地震のあとだ、つながるわけがない。パニックを起こさずに行動しなければと思った。

そうしているうち、携帯テレビを見ていた別の取材カメラマンから、震源は東北の方らしいよ、と聞かされた。胸騒ぎがした。僕は取材を切り上げて帰ることにした。だが正直に言うと、頭をよぎったのは、ちょっと大きめ程度の津波だった。僕が案じたのは、むしろ帰路の交通状況だった。ことの重大さを悟ったのは、渋滞で動かない車列の中で車載テレビをつけて、仙台平野を襲う津波の映像を見たときだった。僕は思わず声をあげていた。

うあああああああ!

そのあとの行動は、本書に登場する、首都圏で震災の日を迎えた人たちと似ていたと思う。龍ケ崎市から、普段は二時間で帰れる道のりを、八時間かけて、裏道を探しながら都内の自宅を目指した。途中で何度か、携帯電話からけたたましい緊急地震速報が鳴った。信号が消えてクルマが詰まっている交差点がいくつもあった。都内の某私鉄はすべての踏切が閉まり、電車も走らないのに警報器の音だけが鳴り続けていた。立体交差を探し、なるべくクルマが集中していなそうな道を選び、日付が変わる前に何とか家に帰り着いた。だが、帰宅早々テレビに映し出された映像は、心臓を凍り付かせるものだった。自衛隊ヘリが撮影した現地の映像として、漆黒の闇の中で炎が上がり続ける様子が延々と映し出された。それは僕の郷里、気仙沼市の様子だったのだ。

その夜から、地元つながりの友人知人たちに電話、メール、インターネットで連絡を取り続けた。だが、持っている情報は誰も同じだった。「地震の直後は連絡が取れたけれど、そのあと通じなくなった——」というものだ。そう言った中には、同じ気仙沼市松岩《まついわ》地区の出身で、ラグビー日本代表の畠山《はたけやま》健介もいた。その夜は、週明けに締め切りがくる原稿を書いた。眠れなかったのだ。

翌十二日は土曜日だった。ひたすらテレビのチャンネルを替えながら、新しい映像を探した。気仙沼の郷里の松岩地区、八幡《はちまん》神社から面《おも》瀬《せ》川にかけて、住宅密集地だったあたりの空撮映像が映ったときには、あまりの変わりように、また、

うわあああああああ！

と声が出てしまった。前夜からそれまで、テレビの映像で見えたところの多くは、僕にとっては明確な土地勘のないところだった。このとき、それがどの局のニュースだったかははっきり覚えていないが、僕の育った松岩地区と分かる映像を初めて見たのだ。

テレビを見ながら、インターネットでも情報を探した。グーグルのパーソンファインダーに、いったい何人の友人知人の名を打ち込んだだろう。だが、入手できた情報はほぼ皆無だった。宮城県出身のお笑いコンビ、サンドウィッチマンの伊達みきおさ

ん、富澤たけしさんのブログに行き着いたのはそんなときだった。コメント欄には、きっと、藁《わら》にもすがる思いなのだろう、たくさんの人が、知人の情報や、救助や物資を求める書き込みをしていた。万が一、少しでも情報を持っている人の目に触れたら……そんな思いで書き込んでいるのだ。みんな、同じ思いなのだと知った。

十三日には友人達と連絡が取れ始めた。仙台在住の友人何人かと連絡がとれ、釜石シーウェイブスの高橋善幸GMとも連絡が取れた。善幸さんは、内陸の遠野方面までクルマで出て、携帯の電波がつながる場所を探して、携帯に着信記録や留守電メッセージが入っていた相手に丁寧に電話を返してくれたのだった。

日が経つほどに、毎日、誰かと連絡がとれた。震災から四日後の十五日、火曜日には気仙沼の家族と連絡が取れた。その日は、現役を引退するサントリーの元日本代表、田中澄憲《きよのり》選手のインタビューが入っていた。僕はインタビュー場所に行くと「もしも電話が入ったときは、出ていいですか」とあらかじめお願いした。記者生活で、そんなことをお願いしたのは初めてだった。予感は的中した。インタビューが始まって十五分ほどたったときに、気仙沼の兄から、家族は全員無事だという報せが入った。電話を切り、失礼しましたと言うと、田中選手は「無事だったんですね、良かった」と一緒に喜んでくれた。

そのころの僕は、携帯電話が光ると、着信音が鳴る前に飛び付いていた。着信番号の名前を見ただけで、自分の脈拍が上がった。誰かの生存、無事を確認できるたびに、自分の感情が激しく高ぶることが分かった。それは相手もそうだったのだと思う。やっとの思いで連絡のとれた旧友たちは、誰もが電話の向こうで多弁だった。すさまじい現実の中で時間を過ごしていること、それを誰でもいいから、外にいる人に伝えたいのだという思いが伝わってきた。

震災から一週間ちょっとが過ぎたところで、僕は気仙沼へ向かった。実家は津波の届かない高台にあり無事だったが、無事な家には支援物資が行き渡らない。物流はストップしていた。親戚には家を失った人も、行方不明の人もいた。家を失い、知人宅に身を寄せているという友人からも窮乏を訴えるハガキが届いた。

当初はガソリンも手に入らず、携行缶もなく、動けなかった。だが、兵庫県に住む友人Kが、ホームセンターを駆け回って携行缶を買い込んで、水と米とともに送ってくれた。愛知県の友人Tが大量のカップ麺を送ってくれた。都内では相変わらずガソリンは手に入らなかったが、山梨県の某高校ラグビー部のK監督に電話して聞いてみると「山梨にはガソリンはあります。もし買えなかったら、教え子がやってるスタンドで売らせます」と太鼓判を押してくれた。中央自動車道を山梨へ向かい、ガソリンと食料と衣類、消耗品、生活用品、衛生用品……思いつくものを手当たり次第買い込み、ホンダフィットの車内に、運転席だけを残して積み込んだ。立川市の従姉からも大量の水などを託された。

その日は夜明け前に東京を発った。東北自動車道は、一般車が走れるのは宇都宮までだった。宇都宮で東北道を降り、国道四号線に出て北を目指した。ところどころで、道路の横に長い車列ができている。しばらく行くと、列の先頭にガソリンスタンドがあったが、半分以上の確率で、そこは閉まっていた。栃木県から福島県に入ると、あちらこちらで道路が液状化していて、路肩のガードレールや電柱が大きく傾いていた。カーナビの画面は、通行止めの黄色いマークで埋め尽くされていた。

福島市を過ぎ、国見峠を越え、宮城県に入った。しばらく走り、トイレに寄りたいな、と思った。コンビニでも開いてないかな……。そう思った自分が、どれほど能天気だったかは、すぐに思い知らされた。コンビニの看板を見つけてクルマを止めると、そこはガラスに内側からすべて目張りされ、入り口は固く閉じられた上に厳重にテープが貼られていた。張り紙には「当分の間、休業します」と書かれていた。

仕方ない。先へ急ごう……。

しばらく行くと、開いている店があった。ショッピングセンターらしきところにクルマがたくさん停まっていて、人も大勢いる。ここならトイレも開いているかな……駐車場にクルマを停め、店に足を向ける。

だが、そこの空気感は、僕が考えていたものとは全然違っていた。

ショッピングセンターに出入りしている人たちの表情が、険しい。とげとげしい。入り口の横には「トイレ使用不能」の張り紙があった。考えてみれば当たり前のことだ。そうか……あきらめて歩を返すと、歩いている人の足下が目に入った。三月だというのに、裸足にサンダルで歩いている人が目立つ。

そこで、ようやく気付く。ここは被災地のど真ん中なのだ。僕はすでに岩沼市に入っていた。震災のあった十一日、車載テレビで見た、仙台平野を津波がのみ込んだ映像は、ここのすぐ近くで空撮されたものなのだ。

世界のメディアが賞賛したように、誰もが苛立ちを抑制していた。大声を上げる人もいない。だが、空気自体は殺気立っている。

家を失い、食べるものも着るものもない人たちが、ここにはたくさんいる。

それまで、ハンドルを握って北を目指す僕の頭を占めていたのは、気仙沼や釜石のことがほとんどだった。被災地がすさまじい広さに及んでいることは、頭にはあったけれど、自分の体には入っていなかった。この日、僕は初めて、本当の意味で被災地の広がりを体感したのだ。

国道四号線、大崎平野を北上していく。コメどころとして日本の食卓を支える田園地帯は地盤が緩い。セメント工場の巨大タンクが大きく傾いている。鳴瀬川、江合川、迫川……肥沃な平野を作ったいくつもの川にかかる橋には、例外なく大きな段差ができていた。路上のあちこちに赤いパイロンが立っている。スピードを落として近づくと、アスファルトの真ん中に、不気味な穴が大きく口を開けていた。明るいうちに着かないと……。

築館《つきだて》で四号線を離れ、丘陵地帯を縫い、気仙沼を目指す。国道二八四号線の以前と変わらない田園風景の中を走っていると、いつもの帰省とまったく同じような錯覚に陥る。何も変わっていないんじゃないか？

だが、当然だが、そんなことはありえなかった。

気仙沼に着いたのは、ちょうど日が落ちる夕方六時前だった。

少しずつ、車内に異臭が忍び込んでいた。そして海沿いの旧道に出ると、すべてが変わり果てた光景が現れた。小学校時代には遊びで、中学高校時代は部活で、何度も上り降りした八幡神社の石段が崩れ、手すりが消えうせている。見上げるような高さのところで、ひしゃげた手すりにどこかから流れてきた布きれが引っ掛かっている。十五メートル近い高さまで、波に洗われた痕が生々しく残っている。海から一キロ以上内陸の高台まで瓦礫が折り重なっている。いったい、どれほどの力が押し寄せたのだろう。この高さまで海になった様子が、どうしても想像できない。

釜石のことが気になった。シーウェイブスの高橋善幸GMとは電話で話ができていたが、他の選手がどうしているか、顔を見たかった。グラウンドやクラブハウスはどうなっているだろう。普段なら二時間で行ける距離だ。だが海岸線をつなぐ道路は寸断されている。間にある陸前高田は広大な範囲が津波に襲われ、橋も落ちている。一度内陸に戻らないとたどり着けないが、道路状況の情報はなかった。遠回りすることを考えれば、往復で二百キロは見込まなければならない。ガソリンを待ちわび、喜んでくれた気仙沼の家族や友人の前で、それは言い出せなかった。僕はジャーナリストでも何でもなかった。

まる一日、気仙沼の様子を見て、何人かの友人や親戚を訪ね、荷物を届けて、東京へ戻った。長居すれば、それだけ食料を消費してしまう。

ようやく釜石を訪ねたのは、四月に入ってからだった。『ラグビーマガジン』の現地取材で、羽田からガソリンに余裕のある秋田へ飛び、レンタカーで雪の残る奥羽山脈を越えて釜石を目指した。何人かの旧知の選手やスタッフに会い、無事を喜び、話を聞いた。

　シーウェイブスのクラブハウスには各地から届いた支援物資が山積みになってい た。松倉グラウンドはヘリコプターの待機場になったまま。それでも、内陸の松倉の空気は平穏だった。

　だが町に出ると、すべてが変わった。駅前のシープラザ釜石の掲示板は、家族や親戚、知人の安否情報を求める貼り紙で埋め尽くされていた。険しい顔で歩くレスキュー隊員や自衛隊員、ビブスをつけたボランティア学生、目を血走らせて足早に歩く人、虚ろな表情でゆっくり歩く人……震災という現実との向き合い方は、百人に百通りあり、それぞれの立場で懸命に生きていた。

　釜石取材から戻り、レポートを書き、取材の御礼の電話を高橋善幸GMに入れたときに「今度東京へ来る機会があったら、チャリティイベントをやりたいですね」と話した。

「実は、五月の連休に、オール早慶明のチャリティマッチに合わせて東京へ行くことになったんです」と高橋GMは教えてくれた。四月に秩父宮ラグビー場で行われる予定だったオール早慶明三大学対抗戦は、震災によって三試合すべて中止され、そのかわりに三大学の選手や監督は銀座の街頭で募金活動を行っていた。そして三大学チームは、余震の心配が多少収まってきた五月五日に、巴戦《ともえせん》を行う形で、チャリティマッチを実施することに決めた。高橋GMは明大OBとして、この試合にあわせてトークショーのゲストとして呼ばれたのだという。

じゃあ、それにあわせて、釜石シーウェイブスを応援するチャリティイベントを開きましょう――。そう提案して高橋GMの了承を得た僕は、何度も釜石取材をともにしたライター仲間の永田洋光《ひろみつ》さんや、『ラグビーマガジン』や『ナンバー』の編集部に相談しながら、会場を探した。会場探しは難航したが、以前講演させていただいたことから繋がりのあった国立八大学ラグビー部OB会の紹介で、東京駅目の前の丸ビルホール＆コンファレンススクエアを破格の条件で使わせていただけることになった。たくさんの縁が、綱渡りのように繋がって、イベントの開催が決まった。

四月十七日、秩父宮ラグビー場の駐車場で、ジャパンラグビー トップリーグ・キャプテン会議の廣瀬俊朗代表と、七人制日本代表の村田亙《わたる》監督の呼び掛けがきっかけとなって実現したチャリティイベントが開催され、東北出身のほとんどのトップリーガーが顔を揃えた。僕らはここでビラを配布した。そしてこの日、三笠兄弟らが立ち上げた「釜石シーウェイブス復活支援の会」と泉秀仁さんら新日鐵釜石V7時代のO

B、八王子市の居酒屋を拠点に活動している私設応援団などが合流して、富来旗を掲げながらステージに立ち、シーウェイブスへの支援を訴えた。
イベントの後、陰で準備に奔走したメディア関係者など数人で、渋谷で軽く打ち上げの席を持った。「これから先も、できることをやっていきましょう」「五月四日のゼンコーさん（釜石シーウェイブスの高橋善幸GM）のイベントもよろしく……」そんな話をして、そろそろ解散かな、と思った頃、携帯電話が鳴った。釜石シーウェイブスでトレーナーを務める及川文寿《ぶんじゅ》さんからだった。

「今、代々木で、釜石のOBたちが復興支援のために集まって話し合ってるんだけど、来れる？」

「行きます」

僕は、同席していた永田さんとともに代々木へ向かった。

スクラム釜石の誕生に、僕はそうして加わることになる。

その日から約二週間後、スクラム釜石の設立会見は、シーウェイブスの高橋善幸GMを招いたチャリティイベントに先立ち、同じ丸ビルで開くことになった。たくさんの人の善意と献身的な働き、人脈が繋がり、霞のようだったひとりひとりの復興への思いが形となり、力となった。

『がんばろう東北ラグビー！　復興支援の夕べ』と名付けたチャリティイベントには、短い告知期間だったが、百人を超える参加者が集まった。高橋善幸GMと、翌日のオール早慶明に早大のウイングで出場する菅野朋幸選手もかけつけてくれた。スクラム釜石の代表に就いた石山次郎さん、キャプテンの松尾雄治さんも登壇して、震災当時の思いと、シーウェイブスの復活、東北の復興への思いを語ってくれた。懇親会ではサントリーから飲料を提供していただき、オークションにはV７戦士たちが伝説の真っ赤なはまゆりジャージーなどファン垂涎の品々を出品。募金や書籍の売り上げも含め、七十二万円の支援金が集まった。このお金は、全額釜石シーウェイブスに贈った。

この日、スクラム釜石という船が発進した。

だが僕は、活動を始めたスクラム釜石の中では異端の存在だった。

僕は、気仙沼への思いを抱えたまま参加していたからだ。簡単に言えば「釜石百％」ではなかった。

現に、今僕の故郷である気仙沼が傷ついている。亡くなった友もいる。行方不明の親戚もいる。家を失った友は数え切れない。自分の持つ、限られた時間と力は、もう少し、あるいはすべて、気仙沼に向けて使うべきではないのか——何度もそんな思いが頭をよぎった。もちろん僕の中にも、釜石シーウェイブスを復活させ、釜石の町をよみがえらせたいという思いはあった。その議論に加わっていた気持ちにウソはない。だが同時に自分の中では、二つの思いをどう合致させるか、バランスを取るかという自問自答も繰り返していた。

気仙沼だけではない。南三陸の役場では、避難の誘導にあたっていた親友のAが呑まれた。陸前高田では、父の実家が流され、従姉夫婦が息子とともに帰らぬ人となった。

そして、僕の脳裏には、気仙沼へ向かう途中、岩沼のショッピングセンターで見た光景と、そのときの罪悪感が刻まれていた。そこが大変な被害を受けた被災地ということは、知識では知っていたはずなのに、そのとき僕の意識からその事実はスッポリと抜け落ちていた。僕はそのままで、能天気にその場所に足を踏み入れたのだった。

被災地はあまりにも広い。そのどこもが過酷な現実と向き合い、支援を必要としている。それは、とてつもなく重い現実だった。

自分が行動するだけならいい。尽くすのは自由だ。だが、広く支援を呼び掛けるのなら、自分の地元、自分の縁のある土地だけを見るのは許されないんじゃないか。

僕の結論は「東北のために」だった。釜石も気仙沼も岩沼も、東北だ。三陸だ。津波は三陸沿岸に等しく押し寄せた。地形の関係で被害に大小の違いはあったにせよ、そこには市町村の境も県境もなかった。とはいえ、津波は関東地方の茨城、千葉にも押し寄せ、大きな爪痕を残した。「東北」という言葉で区切ることも、本当に適切なことかどうかは分からない……。

そんな、青臭い書生論みたいな堂々巡りに、スクラム釜石のメンバーは耳を傾けてくれた。

僕を支えてくれたもうひとつのこと、それは震災後の六月、気仙沼の松岩中の同級生たちと酒席を囲んだときに聞いた言葉だった。僕たちは同級生二人を失っていた。その日集まった同級生の中には家を流された者もいた。これまでのことをしゃべり、これからのことをしゃべり、何軒かハシゴをして、だいぶ出来上がった頃だった。僕は自分の中の逡巡を口にしていた。ホントは気仙沼のためにもっと働かなきゃいけないのにな……言い訳めいた言い方だったと思う。そのとき同級生の一人に言われた。

「オメエが、そう思ってるだけで、オレだぢはいいんだ」

素っ気ない口調が、かえって温かかった。

本当の本音かどうかは分からない。だけど、それを問い返してはいけないと思った。僕は心の中で言った。

わがった。甘えさせてもらうよ。

震災から六ヵ月後の二〇一一年九月、ニュージーランドでラグビーワールドカップが開幕した。取材で訪れた僕は、決勝の前の試合のない日を利用して、クライストチャーチに向かった。東日本大震災が起きる十七日前に大きな地震に見舞われた町だ。犠牲者には、多くの日本からの語学留学生も含まれていた。半年後に開幕するワールドカップで七試合が行われる予定だった四万六千人収容のAMIスタジアム（旧称・ランカスターパーク）は液状化でスタンドに亀裂が入り、使用不能となり、予定されていた七試合すべてが他の都市に移されていた。

それでも、クライストチャーチはラグビーの町だった。日本からニュージーランドへ留学したラグビー選手の草分け、坂田好弘《よしひろ》・関西ラグビーフットボール協会会長に紹介していただき、訪ねたカンタベリー協会のデベロップメントオフィサー（普及役員）、リー・ゴールディングさんは教えてくれた。

「震災のときは、被害の少なかった内陸のラグビークラブの連中が、液状化のひどかった市の東部や南部へ救援チームを派遣して、瓦礫に埋まった人を救出したり、家に流れ込んだ土砂を撤去したりしたんだ。ラグビー選手は体がでかいし、力があるから重宝されたよ」

その話、日本の釜石で聞いた話と似てますね。そう言って釜石でのアラティニやファーディーの話を伝えると、リーさんも嬉しそうに笑った。クライストチャーチの地震は、国内シーズンが始まる直前に起きた。「正直、今年のリーグ戦は中止になると思った」とリーさんは言った。だが、震災直後から地域の復旧作業でリーダー役になり、重労働を進んでこなしたラグビーメンの行動は、震災にうちひしがれていた町の空気を変えていった。

『子ども達のためにも、ラグビーの試合は中止してはいけない』という声が、市民の間からあがった。リーグ戦は一週間遅れで開幕し、予定していた試合はすべて行われた。

すでに開幕していたスーパーラグビー（ニュージーランドとオーストラリア、南アフリカの十五チームによるリーグ戦）も、一試合が中止されただけで、国内の他都市に場所を移して予定通り試合を続けた。冬の八月に開幕する国内大会のＩＴＭカップは、市内北部にあった練習グラウンドのラグビーパークに仮設スタンドを作って開催した。さらに翌年のスーパーラグビーに向け、ニュージーランド政府も出資して、市内のラグビーリーグ（十三人制ラグビー）用のスタジアムを改装することが決まった。スタジアム計画発表の際、ニュージーランドのジョン・キー首相は「クルセーダーズやカンタベリーの試合をみんなで応援することは、カンタベリー復興の重要な一部だ」と言った。

「ここには地震で家族を失った人もたくさんいる。その悲しみは計り知れないけれど、ラグビーを通じて、前へ進む気持ち、希望を感じてもらうことができると思う。そのために、ニュージーランドラグビーのリーダーであり続ける。それが僕らカンタベリー協会の使命だと思う」とリーさんは言った。

ニュージーランドのワールドカップ取材から帰国すると、日本ではすぐにトップリーグが開幕した。開幕から三週目に、東北シリーズが組まれていた。ちょうどそのタイミングで、七人制日本代表の村田亙監督が「被災地に行きたい」と連絡をくれた。その週に予定されていたアジアセブンズシリーズのタイ大会が、洪水の影響で中止になり、予定がぽっかり空いたので「被災地を訪ねて、可能ならセブンズのクリニック（練習会）を開きたい」というのだ。急ぎ各方面と連絡を取り、釜石、気仙沼、盛岡と三日連続で村田亙セブンズクリニックがセッティングされた。

　釜石では、ほんの一ヵ月前まで避難所になっていたという釜石シーウェイブス室内練習場で、釜石商工高のラグビー部員、甲子《かっし》中の特設ラグビー部員を対象にセブンズクリニックを開講した。

「避難所になっている間に、人工芝はぺしゃんこになりました。でも人工芝のおかげか、ここの避難所ではエコノミー症候群が出なかった。腰も冷えなかったよと感謝されました」と釜石シーウェイブスの高橋善幸GMは教えてくれた。

　翌日は気仙沼へ移動し、気仙沼高第二グラウンドに完成したばかりの気仙沼向洋《こうよう》高仮設校舎前のグラウンドでクリニックを開催。同校は津波で校舎が全壊し、ほんの半月前まで、近隣の三校に分かれて授業を行っていた。そんな苦境でも部員は十五人いた。内訳は二年生が五人で一年生が十人。校舎が分散して練習もままならないときに、どうやって十人も部員が入ったのだろう？　と聞くと、舩引《ふなひき》裕介監督が教えてくれた。

「実は、三ヵ所に分かれて授業をしているとき、それぞれのところで鹿折《ししおり》少年ラグビースクールの出身者が『ラグビーやろうよ、面白いよ』と誘って集めてくれたんです」

　震災直後の三月二十二日、気仙沼向洋高からも近い気仙沼市階上《はしかみ》中の卒業式で、卒業生代表の梶原裕太くんが涙をこらえながら読んだ答辞が、世界から賞讃を浴びた。「苦境にあっても、天を恨まず、運命に耐え、助け合って生きていくことが、これからの私たちの使命です」と結んだその答辞は、八月には二〇一一年度の文部科学白書に全文掲載された。答辞を読んだ梶原くんは、鹿折少年ラグビースクールの卒業生で、向洋高の一年生たちはその同級生なのだった。「運命に耐え、助け合って生きていく」――それを実践した仲間の行動に、ラグビーの力を感じた。

その翌日は盛岡へ。盛岡南公園球技場に着くと、岩手県ラグビーフットボール協会女子チーム監督でもある桜庭吉彦さんが待ち構えていた。この日は、秋田ノーザンブレッツが発足させた女子チーム「プレアデス」の中学生、青森・岩手・宮城の女子中学生合同チーム、東北の女子高校生が相手だ。ボールを使っての鬼ごっこ。ボール運び競争。女子中高生たちのはしゃぎ声が、澄み切った秋空に吸い込まれていく。三日連続の移動即クリニックにも、村田さんに疲れの気配は見えない。初めて被災地を訪れたことが、村田さんにも見えない力を与えていたのかもしれないが、それにしてもすごい。

この日は震災後、初めて東北で行われたトップリーグ公式試合として、東芝とNTTドコモが対決した。東芝には、震災直後にトップリーグ・キャプテン会議代表として被災地支援のアクションを起こし、プライベートでも寝袋を持って被災地へ向かい、体育館に泊まり、ボランティア作業を行った廣瀬俊朗がいた。NTTドコモのヘッドコーチは、かつて釜石シーウェイブスでプレーしたアンドリュー・マコーミックだった。試合は東芝が七十三対七でNTTドコモに圧勝した。

「盛岡という場所で試合をするチームに、東芝を選んでもらえたことが嬉しい。その感謝を示したかった。ヘタな試合はできないと思った」。やはり被災地である福島県郡山《こおりやま》市出身の東芝ロック大野均《ひとし》は言った。

その感覚は、翌十三日、仙台の試合を戦った両チームにも共通していた。花園の女子高校生セブンズ東西対抗に出場する東軍のセレクションマッチを前座に、メインゲームとして行われたのはサントリー対NTTコム。前年度日本選手権王者のサントリーには、気仙沼市出身のプロップ畠山健介、仙台市出身のロック真壁《まかべ》伸弥と二人の地元出身選手がいて、熱い声援を浴びた。しかし試合は、NTTコムの頑健でひたむきな攻守で、白熱した戦いになった。前年は十四対五十で大敗したNTTコムが、この日は十対十七と肉薄した。

トップリーグ・キャプテン会議の副代表でもあるNTTコムの友井川《ともいがわ》拓《ひらく》主将は言った。

「被災地のために何ができるかは、ウチやサントリーだけじゃなく、トップリーグのすべてのチーム、関係者が考えていること。その中で、僕らはここで試合をさせてもらえて、締まったいい試合ができたのは良かった」

この日のバックスタンドには『健介先輩、元気をありがとう』と書かれた横断幕が飾られた。畠山の地元・気仙沼からバス二台でかけつけた応援団が作ったものだった。

「まだ生活も自由にならないくらいの状況なのに、僕のために横断幕まで作ってくれるなんて……」畠山はそう言い「いいプレーを見せて被災のことを忘れてもらうつもりだったのに、こっちが逆に励まされました」と言った。

駆け足で東北を巡った村田監督も、同じ感想を口にした。

「勇気づけるつもりが、逆に力をもらった気がします。また来たいです」

多くの人が、多くの形で、東北を励まそうとしていた。釜石は特別だったけれど、同時に、特別ではなかったことを知った。釜石シーウェイブスは被災地でプレーしている特別なチームだけど、被災地に他所からやってくるチームの思いも、それに負けないくらい真摯な、尊いものだった。

クライストチャーチから東北へ、被災地を巡った旅は、翌春、新しいイベントに繋がった。僕がスーパーバイザーという肩書で主宰し、この年活動を始めたばかりのWEBマガジン「RUGBY JAPAN 365」とスクラム釜石の共同企画で、二〇一二年二月二十二日、クライストチャーチ地震からちょうど一周年の日に、「東北&クライストチャーチ復興支援チャリティートークイベント」を開催した。最初は、クライストチャーチで初めて行われる「JAPAN DAY」に連帯のメッセージを送るのが目的だった。ゲストには、クライストチャーチ出身で日本代表主将を務め、現役生活最後の二シーズンは釜石シーウェイブスでプレーしたアンガスことアンドリュー・マコーミックさんと、現役時代にクライストチャーチ留学を経験し、前年秋に東北で三日連続のセブンズクリニックを行った村田亙さんに来ていただいた。二人には、クライストチャーチのこと、東北のことから、日本代表や東芝府中時代の思い出まで、楽しく話してもらった。そのとき、アンガスは言った。

「震災は辛い出来事だったけれど、悲しいことばかりじゃない。震災があったから初めて知り合えた友だちもたくさんいるよ」

進行役を務めていた僕は、聞いていていて涙が出そうになった。

本当にそうだと思った。

この収益から、僕らは、二〇一二年三月に仙台市で行なわれたトップリーグ・オールスター試合に出場した、東北・東日本とニュージーランド・クライストチャーチに縁のある選手に激励の寄せ書きをしてもらい、彼らの集合写真とともに彼らの出身校、出身ラグビースクールにボールを贈った。

クライストチャーチ出身、マイケル・リーチの母校・バーンサイド高、小野晃征の母校・クライストチャーチボーイズ高……日本は畠山健介の鹿折少年ラグビースクール……そこに僕らは、栗原徹の母校・清真学園と、谷口到の母校・茗溪学園という茨城県の二校も加えた。

震災から一年が過ぎた二〇一二年、スクラム釜石はNPO法人として登記された。一年間の活動を通じて、組織として目指す方向性は、徐々に明確になってきた。それはラグビーを通じた東北の復興支援であり、二〇一九年ワールドカップの釜石招致の支援だった。

釜石シーウェイブスはトップリーグ昇格のためにピッチで戦う、そのパフォーマンスをあげるために最大の準備をするのが本業だ。釜石市は行政の立場から復興を進めるのが仕事だ。彼らが、自分からは動けない部分に、先回りして動くことにこそ、スクラム釜石の存在意義がある――そんなコンセンサスが、徐々に出来上がっていった。

二〇一二年八月には、宮城県柴田町の陸上自衛隊船岡駐屯地で、東北六県の小学生ラグビーチームを招き、東北小学生ラグビー交流大会・ともだちカップを開催した。暑い季節だったが、試合の合間には自衛隊の大型放水車による特大シャワーというアトラクションも盛り込まれ、子どもたちの歓声があがった。ラグビーの試合だけでなく、参加チームをシャッフルしてのテント宿泊、飯盒炊《はんごうすい》さん、チーム対抗のワークショップ……たくさんの子どもたちが、それぞれの交流の機会を持った。八月のともだちカップは、二～三月にかけての「東北&クライストチャーチ復興祈念チャリティイベント」、高田馬場のラグビーダイナー・ノーサイドクラブで毎月、ラグビー好き、釜石好き、東北好きが集まる場として開催する「釜石ナイト」などとともに、スクラム釜石の基幹事業となっていく。クライストチャーチイベントは、アンガスがレギュラーとなり、一三年は廣瀬俊朗さん、一四年は平尾誠二さんにゲストに来ていただいた。一五年は伊藤剛臣さん、釜石市副市長の若崎正光さん、前副市長の嶋田賢和さんとワールドカップ釜石開催決定を喜び合った。二年目以降の収益は、笹田学さんが中心になり、津波からいち早く逃げて助かった中学生たちをニュージーランドへ送って震災避難の体験談を伝える「かまいしブリッジプログラム」に寄付し、ラグカフェを運営するかまいしリンクに寄付した。

二〇一二年九月には、同じく日本選手権で七連覇を飾り、震災の被害から立ち上がった経験を持つ神戸製鋼とのV7レジェンドOBによるチャリティマッチを挙行した。釜石も神戸も、存命のV7戦士はほぼ全員が集まり「動けねえよ」と言い訳しながら、雨の中、子供のような表情でボールを追った。開催にあたっては、俳優の吉永小百合さん、渡辺謙さんから温かいメッセージをいただいた。お二人とも、震災直後から釜石ラグビーの支援に動いて下さっていた。

イベントを企画するたびに、たくさんの企業や個人、いろいろな団体のみなさんから大きなサポートをいただいた。個人で被災地復興支援に尽力している方々と連帯し、自ら組織を立ち上げた方々と連携した。気仙沼出身で、新日鐵釜石がV7を達成したシーズンの社会人大会準決勝で釜石と死闘ドローを演じた東芝府中のセンターだった石川敏さんが立ち上げた㈳復興支援機構、神戸製鋼V7時代にキャプテンを務めた大西一平さんが立ち上げたオーバルハートジャパンの両団体には、たくさんのイベントで甚大な協力をいただいた。毎年七月に長野県菅平高原で行われる四十歳以上のシニアラグビーの祭典・全国不惑クラブ交流大会には、スクラム釜石バーバリアンズ

という チームを結成して参加した。

異分野のグループとの交流も広がっていった。二〇一三年十月、釜石の南に位置する陸前高田市と大船渡市を舞台に行われる自転車イベント『ツール・ド・三陸』に、スクラム釜石チームで参加した。その前日には、新装なった釜石市球技場で初めてのトップイースト公式戦が行われ、この試合に合わせて高田馬場ノーサイドクラブの第一回釜石ツアーも組まれた。僕らはツアー参加者とともにシーウェイブスと日野自動車の試合を観戦し、釜石の夜を愉しみ、海の幸に舌鼓を打つと、釜石を翌朝早くに発って陸前高田へ移動し、赤いはまゆりジャージーを着て五十キロのコースに出走した。三陸の風を浴びながらペダルを回し、急坂を登った。

陸前高田は父の郷里で、幼少の時から何度も何度も訪れた。祖父は僕が生まれた年に、祖母は父が赤ん坊の頃に亡くなっていた。僕は高田に行くと、いつも慣れない正座で伯父に挨拶をし、年の離れた従姉からは小遣いをいただくこともあった。年の近いその息子とは裏山に登ったり、川に入ったりして遊んだ。従姉夫婦と息子は津波に呑まれ、家は跡形なく流された。震災後、僕は気仙沼と釜石には何度も訪れたけれど、陸前高田を訪れる機会はあまり持てなかった。スクラム釜石としても、陸前高田に関わる機会はほとんどなかった。僕は心で詫びながら、ペダルを踏んだ。

そんな僕の思いとは無関係に、沿道で声援を送ってくれる方々は、赤いジャージーを見ると「釜石だね」「ワールドカップ来るといいね」と声をかけてくれた。陸前高田の人たちは、僕が気仙沼で少年時代に感じていたのと同様、いや、それ以上に釜石のV7に親近感と誇らしさを感じていたのだろう。「ワールドカップを釜石で」という旗を背負って走った僕は、本格的なロードバイクで参加したライダーたちから「空気抵抗がすごいでしょう」とあきれ気味な賞賛を受けた。

スクラム釜石の石山次郎代表と高橋博行事務局長は、この経験から急激に自転車にのめり込んだ。翌二〇一四年九月は宮城県石巻市から気仙沼市まで往復二百二十キロを走る『ツール・ド・東北』に、僕と高橋さんの二人で出走した。残念ながら百七十キロ地点でタイムオーバーとなったが、東北の美しい景色は僕らを魅了した。朝日を受けて煌めく海。針葉樹と広葉樹が混ざり合った深い森。田園の広がり。そして、沿道で声を嗄らして応援してくれる人たち。エイドステーションで味わう海の幸。女川のサンマのつみれ汁、雄勝のホタテ焼き、気仙沼のサンマ佃煮、どれも絶品だった。それを渡してくれる女性たちの優しさ温かさ。東北の、今まで訪れる機会の少なかった地域の魅力に、改めて触れることができた。

NPO法人スクラム釜石には、いつのまにか自転車部ができていた。そして二〇一五年には、ワールドカップ釜石開催決定を受け、福島県南相馬市から釜石市まで、三百キロを三日がかりで走るイベントまで企画してしまった。被災三県の津波の被害を受けたエリアを自転車で走り、被災地で活動するラグビー仲間を訪ね、ワールドカップで東北復興を！　と呼び掛けながら、ワールドカップ開催地の釜石市鵜住居を目指す。名付けて『スクラム東北ライド　GO！　釜石』。

「全部走れるかどうか分からないけれど、僕らは自分で体を動かすことしかできないので、やってみるだけです」。と石山代表は訥々と話した。

「こんなに走れるかなあ。無謀かなあ。でも何とか走りたいよね」。高橋博行事務局長は笑った。

この企画を立てる過程で、『ツール・ド・三陸』を運営するグッド・チャリズム宣言プロジェクト、『ツール・ド・東北』を運営するヤフー株式会社、それぞれの大会を運営してきたチームからたくさんのアドバイスを頂いた。東北復興という同じ目標を共有する者同士、連携することで、また活動に広がりができた。人の縁が繋がった。このスクラム東北ライドで、また多くの人との繋がりが増えるだろう。そして、きっと僕たちは、もっともっと東北を好きになることだろう。

二〇一九年、ラグビーワールドカップが日本に来る。釜石に来る。

その日まで、僕らはまた、たくさんの人と出会い、繋がりが増えていくだろう。それは、二〇二〇年から先の釜石を、東北を、日本を、きっと豊かにしてくれる。

なぜなら、二〇一九年には、またたくさんの出会いが、釜石で、東北で、日本中で、生まれるはずだから。

二〇一九年九月×日、午後。山の緑と、深い青空が映える。釜石鵜住居復興スタジアムの仮設スタンドは満員の観衆で埋まっている。

ふたつのチームが、国旗を先頭に入場する。スタンドには、対戦国の旗よりも多くの富来旗が翻る。宝来館の女将が両手を合わせている。ワールドカップ開催決定の時乳飲み子だった息子の手を引いて、ゆりえが何か叫んでいる。増田が、笹田が、高橋善幸が、石山が、小さな富来旗を握りしめている。神戸からかけつけた平尾も、ニューヨークからやってきたアーニーも、万感の思いでピッチを見詰めている。

ハーフライン中央で、背番号10が、２０１９のロゴ入りボールをバウンドさせる。

場内にファンファーレが鳴り響く。レフリーが笛を吹く。スタンドの一万五千人が叫び声をあげる。

ボコッ。

鈍い音を残して、秋の空に白いボールが高く蹴り上げられる——。

高く舞い上がったボールの向こう、秋の雲の上からも、二万人の目が見詰めている。

謝辞――あとがき

震災が起きてから、何度も被災地へ足を運びました。あるときは支援物資を届けるために、あるときは取材のために、そして多くの場合は、その両方を兼ねて。そのたびに、たくさんの印象的な場面に出会い、心に残る言葉を聞き、感情を揺さぶられました。その多くはやるせない思い、辛い思いだったけれど、現地に行くたびに、逆に励まされて帰ってきた気がします。

僕は、被災地を郷里に持つ者であると同時に、取材者として、ラグビーを通じて震災後の東北復興を見詰めてきました。たくさんの勇気に出会いました。そして取材者として、たくさんの言葉に出会いました。これは、書き残さなければならない。それが取材者の責任だと思いました。

しかし、いざ書こうとすると、書きたい話が多すぎて、なかなかまとまりません。僕自身、被災地のことを考えたり、話したりすると、自分の感情が波打ってしまうのが分かります。無理にまとめようとすると、心身のバランスを失いそうになるときもありました。僕は実際の震災を経験していない。本当の厳しさを経験していない。本当に辛いものを見ていない。そんな僕に、果たして震災のことを書く資格があるのだろうか。そう自問する日々が続きました。

それでも、本書を書き上げることができたのは、二〇一九年ラグビーワールドカップの釜石開催決定という報せが、本当にたくさんの人に、明るいニュースとして受け取ってもらえたからです。震災で壊滅的な被害を受けた、人口三万人台の小さな町が、世界三大スポーツイベントの一角を占める大会のホストシティになる。この奇跡は、どのようにして実現したのか、それを多くの人に知ってほしいと思いました。それは、ただワールドカップを招致しようという物語ではありません。

なぜ、釜石でワールドカップを開こうと思った人たちがいたのか。その思いは、地域の人たちに、そして日本や世界の人たちに、どう響いたのか。決してたやすくはないその事業は、なぜ被災地の人たちに受け入れられたのか。そういう物語のひとつひとつを、一人でも多くの人に知ってもらえたらと思いました。

執筆にあたっては、数え切れないほどたくさんの皆様にご協力をいただきました。震災当時、ＧＭを務めていた高橋善幸さんをはじめ、桜庭吉彦さん、キャプテンになった佐伯悠さんはじめ、森闘志也さん、藤原誠さん、釜石へ飛び込んできてくれた吉田尚史さん、伊藤剛臣さんら釜石シーウェイブスの選手、スタッフのみなさんには、個別のインタビューだけでなく、試合の後の通路や練習後のグラウンド、イベント会場の通路など、慌ただしい中で何度も話を聞かせていただきました。

釜石市の野田武則市長には、ご多忙の中、貴重な時間を割いていただき、行政の立場で復興を、ワールドカップを、どう考え、どう取り組んだかをご教示いただきました。ワールドカップ推進室の増田久士さんには、シーウェイブス事務局長時代から数え切れないほど貴重な情報を頂戴しました。宝来館の岩崎昭子さんはじめ、浜登寿雄さん、遠藤ゆりえさん、川向修一さん、下村達志さんに地元・釜石で暮らしている皮膚感覚をお話しいただいたことなくして本書は成立しませんでした。貴重なお話をありがとうございました。もちろん、本書に登場しないたくさんの方々も、釜石のワールドカップ招致に動いて下さいました。

松尾雄治さん、石山次郎さん、高橋博行さんをはじめ、スクラム釜石のみなさんには、あらゆる意味で支えていただき多様な視点を提供していただきました。みなさんとともに、自分に何ができるのか、何をしたらいいのかを考え、実行に移す作業は、自分にとってとても大きな財産になりました。アンガスの言葉通り、震災があったから出会えた仲間です。ありがとうございます。

平尾誠二さん、村田亙さん、廣瀬俊朗さんをはじめ、自身は直接釜石に関係していないラグビー関係者のみなさんからも、いろいろな思いと行動力を見せていただきました。あまりに巨大な被害の前で、ともすれば立ちすくみそうになる僕にとって、みなさんの行動力は取材と執筆を続けるエネルギーになりました。畠山健介さん、大野均さんの真摯で献身的な姿勢からは深い意味の勇気をいただきました。試合や、各種イベントのたびに来場してくださるみなさん、声を掛けてくださるみなさんにはいつも喜びを与えていただきました。イベントや募金などでご協力いただいた丸ビルのみなさん、高田馬場ノーサイドクラブのみなさんはじめ、協力者のみなさんにもすべての名前をあげることはできませんが、深く感謝しています。

いうまでもないことですが、表現、発言の記述を含め、すべての文責は僕にあります。読者のみなさんには、登場するみなさんの思いを汲みとっていただければ幸いです。

家族には震災以後、以前にも増して負担をかけてしまっている（それは過去形では書けない。今も続いている）。休みの日に家にいない僕を、あきれながらも送り出してくれる妻と子どもたちには感謝しかありません。本当にありがとう。

東北は必ず復興します。だけど、間違いなく地震もまた、必ず来る。そのときに、悲しい思いをする人がこれ以上増えないように、今回の出来事を忘れないよう、そして、どんなに苦境にあっても諦めなかった人たちの勇気と献身を、語り継ぐのが自分の役目だと思っています。

A、K、T、見守ってでけろな。

二〇一五年七月　　　　大友信彦

重版に添えて

二〇一八年六月　大友信彦

東日本大震災から七年が過ぎた。ラグビーワールドカップは一年後。全国各地で大会機運を盛り上げようと各種イベントが開かれている。その渦の中に、釜石もいる。開催が決まったときのスタジアム名からは（仮称）の文字が取れ「釜石鵜住居復興スタジアム」と決定した。スクラム釜石代表の石山次郎さんはスタジアムの建設現場で働いている。平野恵里子さんは二〇一七年の女子ワールドカップに出場して被災地に光を届けた。釜石市はかまいしブリッジプログラムで中学生たちを毎年ニュージーランドへ送り、明日を担う若者たちが世界に目を開きながら成長している。震災のあと、こうなったらいいな……と僕らが描いた妄想は、厳しい現実がいまだ重くのしかかる中でも、たくさんの方の助力をいただき、その多くが現実となりつつある。

悲しいこともある。釜石の背中を押してくれた平尾誠二さんが二〇一七年、五十三歳の若さで亡くなった。無念だ。でもきっと、洞口孝治さんや佐野正文さんたちと一緒に空から見てくれる。たくさんの人がワールドカップを楽しむ姿を、そしてその先も復興し続ける東北の姿を見てもらえるように。「釜石の夢」に終わりはない――。

本書は講談社文庫のために書き下ろされました。
ただし本書の第一章、第二章の一部は、以下各誌に発表した原稿をもとに加筆、再構成いたしました。
『ラグビーマガジン』（ベースボール・マガジン社）
『スポーツグラフィックナンバー』（文藝春秋）
『ラグビー黄金時代大事典』（白夜書房）

主要参考文献

『新日鐵釜石ラグビー部記念誌　北の鉄人』新日本製鐵釜石製鉄所　二〇〇三年
『負げねっすよ、釜石』松瀬学著　光文社　二〇一一年
岩手日報
週刊NY生活（デジタル版）

本書の著者印税の一部は、ラグビーを通じた東北復興に役立てていただくよう、NPO法人スクラム釜石に支援金として寄贈いたします。

|著者|大友信彦　1962年宮城県生まれ。早稲田大学卒業。スポーツライター、NPO法人スクラム釜石理事。「Sports Graphic Number」、「東京中日スポーツ」などにラグビー記事を多数寄稿。新日鐵釜石時代から釜石シーウェイブスへのクラブ化、東日本大震災後の復興への足取りも継続して取材。著書に『再起へのタックル―ラグビーワールドカップをめぐる終わりなき航海』（洋泉社）、『奇跡のラグビーマン　村田亙37歳の日本代表』（双葉社）、『釜石ラグビーの挑戦』（水曜社）、『オールブラックスが強い理由』『エディー・ジョーンズの監督学』（ともに東邦出版）などがある。

釜石《かまいし》の夢《ゆめ》　被災地《ひさいち》でワールドカップを

大友信彦《おおとものぶひこ》

講談社文庫

定価はカバーに
表示してあります

2015年8月12日第1刷発行
2018年6月22日第2刷発行

発行者――渡瀬昌彦
発行所――株式会社　講談社
東京都文京区音羽2-12-21　〒112-8001
電話　出版（03）5395-3510
　　　販売（03）5395-5817
　　　業務（03）5395-3615

Printed in Japan

担当編集―高橋典彦
デザイン―菊地信義
本文データ制作―講談社デジタル製作
印刷―――豊国印刷株式会社
製本―――株式会社国宝社

ISBN978-4-06-293166-3

講談社文庫刊行の辞

二十一世紀の到来を目睫に望みながら、われわれはいま、人類史上かつて例を見ない巨大な転換期をむかえようとしている。

世界も、日本も、激動の予兆に対する期待とおののきを内に蔵して、未知の時代に歩み入ろうとしている。このときにあたり、創業の人野間清治の「ナショナル・エデュケイター」への志を現代に甦らせようと意図して、われわれはここに古今の文芸作品はいうまでもなく、ひろく人文・社会・自然の諸科学から東西の名著を網羅する、新しい綜合文庫の発刊を決意した。

激動の転換期はまた断絶の時代である。われわれは戦後二十五年間の出版文化のありかたへの深い反省をこめて、この断絶の時代にあえて人間的な持続を求めようとする。いたずらに浮薄な商業主義のあだ花を追い求めることなく、長期にわたって良書に生命をあたえようとつとめるところにしか、今後の出版文化の真の繁栄はあり得ないと信じるからである。

同時にわれわれはこの綜合文庫の刊行を通じて、人文・社会・自然の諸科学が、結局人間の学にほかならないことを立証しようと願っている。かつて知識とは、「汝自身を知る」ことにつきていた。現代社会の瑣末な情報の氾濫のなかから、力強い知識の源泉を掘り起し、技術文明のただなかに、生きた人間の姿を復活させること。それこそわれわれの切なる希求である。

われわれは権威に盲従せず、俗流に媚びることなく、渾然一体となって日本の「草の根」をかたちづくる若く新しい世代の人々に、心をこめてこの新しい綜合文庫をおくり届けたい。それは知識の泉であるとともに感受性のふるさとであり、もっとも有機的に組織され、社会に開かれた万人のための大学をめざしている。大方の支援と協力を衷心より切望してやまない。

一九七一年七月

野間省一